Handbuch BozzTech MTI00X Mini V2

Inhaltsverzeichnis

```
Vorwort..........................................................................................................................2
Funktionen und Leistungen des Testgeräts................................................................4
Schnelle Schritt-für-Schritt Anleitung zum Test........................................................6
LED Schnelltest...........................................................................................................6
Erkennbare Metalle.....................................................................................................7
Updates.......................................................................................................................11
Anwendung einer improvisierte Kontaktierung......................................................14
Wozu kalibrieren?.....................................................................................................14
Ablauf Kalibrierung..................................................................................................16
Überlegungen zur Auswahl des geeigneten Metalls................................................19
Abmessungen:............................................................................................................24
Nachhaltigkeit, Umweltverträglichkeit und Gesundheitsverträglichkeit..............25
Der Elektrolyt............................................................................................................26
    LEL3000 Elektrolyt............................................................................................27
    GEL3000 Elektrolyt...........................................................................................28
    SEL3000 Feststoffelektrolyt..............................................................................29
        Regeneration SEL3000 Testpad..................................................................31
    Lagerung der SEL Pads....................................................................................33
    Vergleich der Eigenschaften von unterschiedlichen Elektrolyten..................34
    Interpretation....................................................................................................36
    Fazit...................................................................................................................38
Bedeutung der Ergebnisse auf Displayausgaben....................................................39
    Hinweise zur Pflege und Wartung...................................................................40
Software MTI Tester.................................................................................................41
    Installation........................................................................................................41
    Betrieb...............................................................................................................41
    Fehlerbehebung.................................................................................................41
    Betrieb ohne MTI Hardware............................................................................43
    Betrieb mit angeschlossener MTI Hardware..................................................50
    Treiber für USB zu Seriell installieren............................................................51
    Erster Test.........................................................................................................53
    Weitere Funktionen im Testbetrieb.................................................................55
    Sonstige Funktionen der MTI Analyzer Software*........................................56
        Ein Zertifikat erstellen................................................................................57
    Überwachung des Elektrolyten........................................................................59
    Kalibrierung manuell oder per Software.......................................................61
Nachwort....................................................................................................................66
```

Handbuch BozzTech MTI00X Mini V2

Vorwort

Sie haben sich mit dem BozzTech MTI00X für ein günstiges und dabei leistungsfähiges Messgerät zur Erkennung von Metallen entschieden. Bitte lesen Sie sich die Anleitung vor dem ersten Gebrauch in Ruhe durch und machen Sie sich mit den Funktionen des Testgeräts vertraut.
Entstanden ist das Gerät in Anlehnung an ein vor 250 Jahren entdecktes Phänomen. Die beiden Naturforscher Galvani und Volta experimentierten mit Metallen und der neu entdeckten Elektrizität. Dabei legte sich Galvani verschiedene Metalle auf die Zunge und bemerkte „ein Kribbeln". Nachdem er es häufig genug versucht hatte, gelang es ihm anhand der Intensität dieses Kribbelns die Metalle zu bestimmen.

Bild 1 Galvani vs Volta anno 1750

Das MTI-00X ahmt diesen Vorgang nach, ohne die Notwendigkeit sich giftiges Blei oder andere schädliche Metalle auf der Zunge wirken zu lassen. Was sich zunächst einfach anhörte, brauchte Jahre um stabil zu funktionieren. Das Gerät verfügt über eine spezielle galvanische Zelle, die in der Lage ist, die Bedingungen so zu schaffen, dass reproduzierbare Ergebnisse erzeugt werden können. Das Verfahren ist also sehr alt, aber irgendwie in Vergessenheit geraten, da es heute moderne Messgeräte gibt, die (immer noch mehr oder weniger genau) diesen Dienst mit sehr hohem technischen und finanziellem Aufwand bewältigen.
Respekt für die Tüftler Volta und Galvani aus dem Jahre 1750!
Sie lösten das Problem das ganz ohne Google, Mikrocontroller, Windows und 3D Drucker.

Handbuch BozzTech MTI00X Mini V2

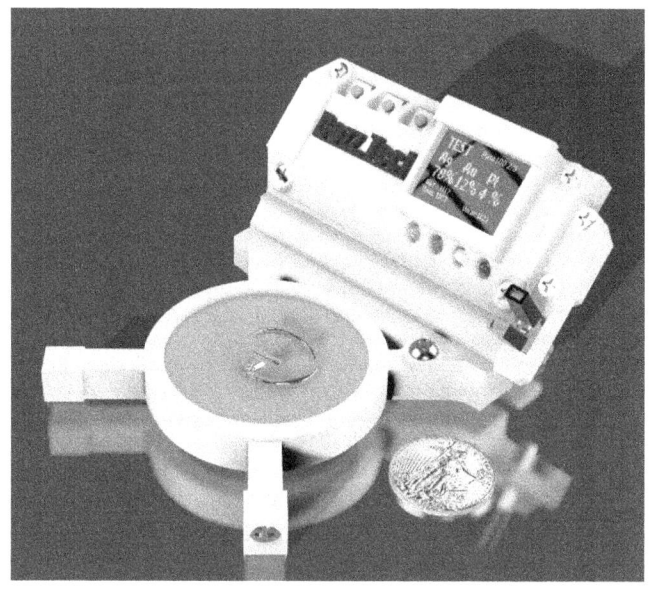

BozzTech MTI00X Metalltester

Funktionen und Leistungen des Testgeräts

Dieses Testgerät kann Oberflächen auf deren metallische Zusammensetzung anhand der für jedes Metall charakteristischen, elektrischen Signale, deren Verläufe, Dauer und Ausprägung prüfen.

Mit diesem Gerät können Sie zuverlässig die Beschaffenheit einer Metalloberfläche identifizieren.

Die Messtiefe des Verfahrens ist auf die Oberfläche beschränkt. Um das Innere eines Metallobjekts zu analysieren, muss dieses angefeilt oder durchgesägt werden. Sie können dann das Objekt mit der Seite, die das Innere preisgibt, auflegen und prüfen, ob die innere Zusammensetzung von der Oberfläche abweicht. Da dieses Gerät die Oberflächen untersucht, ist es aufschlussreich das Prüfobjekt ggf. in seiner Lage und der Kontaktierung zu verändern, um festzustellen ob es eine einheitliche Oberfläche besitzt. Der Prüfpunkt ist dabei immer der des Messgerätes, also entweder der 4mm kleine Messpunkt, oder das Pad, jedoch nicht der Kontaktpunkt der Klemme! Das ist besonders dann wichtig, wenn das Objekt freihändig gehalten wird. Eine Veränderung des Messpunktes kann nicht dadurch erzielt werden, dass die Prüfklemme an einer anderen Stelle positioniert wird, sondern nur indem der Kontakt zum unter dem Metallobjekt liegenden Pad oder Prüfpunkt verändert wird.

Es wird ein proprietärer Wert, der VaV, gebildet. Proprietär deswegen, da er mittels eines Algorithmus arbeitet, der die effektive, durchschnittliche Spannung, unter Berücksichtigung mehrerer Faktoren, errechnet und daher kein von einem Voltmeter o.ä. nachvollziehbare messbare Angabe erzeugt. Je höher dieser Wert ist, desto edler ist das vorgefunden Metall. Die Grenze liegt hier bei circa 1000. Metalle, die darunter liegen sind unedel. Werte über 1200 deuten auf Platin oder Platinmetalle aus der Platinmetallgruppe hin.

Es kann sowohl für hochreine Metalle als auch für legierte Metalle oder metallisch beschichtete Objekte angewendet werden.

Das Gerät kann unabhängig (Stand-Alone Betrieb) über das Display Ergebnisse ausgeben oder über eine Windowssoftware. Diese erlaubt die komfortablere Dokumentation, Auswertung und den Vergleich verschiedener Testergebnisse.

Das Gerät stellt eine miniaturisierte galvanische Zelle dar, die anhand von Referenzmetallen die Zusammensetzung eines unbekannten Metalls ermöglicht.

Es werden die Kontaktstellen an der Oberfläche des Metalls geprüft. Um einen besseren Eindruck von einem Testobjekt zu bekommen, kann man daher nach einem Durchgang die Kontaktstelle ändern und schauen ob dort das selbe Metall angezeigt wird. Viele Metallteile haben Beschichtungen. Manchmal wird diese stellenweise abgenutzt und ergeben je nach Tiefe der Abnutzung ein anderes Ergebnis.

Es wird überwiegend das dominierende Metall an der Teststelle zurückgegeben. Bei einem Objekt aus Silber und Gold, wäre das angezeigt Metall das Gold sowie Silber, wobei das häufigere Metall auch einen höheren Anteil ausgedrückt in Prozent liefert. Enthält ein Objekt (z.B. ein Schmuckstück) neben Gold auch Palladium oder ein anderes Platinmetall, wir dieses zunächst aufgefunden und angezeigt, sofern es in einer so großen Menge vorkommt, dass es das Messergebnis beeinflussen kann.

Mischungen aus Gold und Silber sind hinsichtlich der Identifikation etwas schwierig. Reines Gold und reines Silber lässt sich gut voneinander unterscheiden. Gold hat hier immer höhere Werte. Sind im Gold allerdings nur kleine Mengen Silber enthalten, drückt das die Messwerte des Goldsignals. Höhere Silberanteile im Gold dagegen haben eine geringere Auswirkung auf die Erkennung von Gold. Die Übergänge bei Gold-Silber Legierungen sind daher fließend.

Nickel ist kein Edelmetall. Es bildet an der Luft schnell eine sehr harte Oxidationsschicht. Wenn man Nickel testet – ob bekannt oder nicht – wird daher eigentlich nicht das Nickel selbst, sondern die umgebende Oxidationsschicht gemessen. Die Signale dieser Schicht ähneln stark denen des Silbers.

Nickel ist allerdings magnetisierbar. Im Zweifelsfall sollte zusätzlich mit einem starken Neodym Magnet getestet werden ob das Metallteil darauf reagiert um abschließende Klarheit zu schaffen.

Aluminium bildet ebenfalls sehr schnell eine stark isolierende Oxidationsschicht, so dass Aluminiumteile oftmals beim Auflegen auf den Testpunkt gar nicht als Metall erkannt werden.

Zusammenfassend kann mit dem MTI-00X Gerät die Oberfläche von Metallen untersucht werden. Bei Legierungen bestimmt meist das edelste vorgefundene Metall den Anzeigewert. Durch mehrfache Tests an verschiedenen Stellen der Oberfläche können ggf. andere enthaltene Metalle entdeckt werden.

Bei sehr dünnen, übereinander vorliegenden Beschichtungen, kann es sein, dass das Gerät mehrere Schichten in einem Durchgang (ohne Positionsveränderung) Schichten erkennt. Um Informationen zur Zusammensetzung des Objekts im Inneren zu erhalten, müsste man dieses durch schleifen, sägen usw. zugänglich machen.

Eine Aussage zur internen Zusammensetzung einer Legierung ist anhand von Oberflächenanalysen nicht möglich. Dies gilt jedoch für fast alle Testverfahren vom Test mit Säuren bis zur Röntgenspektralanalyse. Hier müssten dann andere Techniken angewendet werden.

Es gibt viele visuelle Ausgaben zu Zeiten Minimal/Maximalwerten usw. Diese sind jedoch für die meisten Abschätzungen nicht relevant.

Aussagekräftige Rückmeldungen liefern der VaV Wert, sowie das Blinken der LEDs.

Handbuch BozzTech MTI00X Mini V2

Schnelle Schritt-für-Schritt Anleitung zum Test

- Verbinden Sie das Messgerät per mitgeliefertem USB Netzteil mit einer Stromquelle. Verwenden Sie nur das mitgelieferte Netzteil, da andere Stromquellen (USB Anschluss PC, andere USB Netzteile) zu Abweichungen bei der Messung und somit zu Ungenauigkeiten führen können.

- Legen Sie ein Pad mittig auf den Padadapter auf und fügen Sie einige Tropfen auf die Mitte des Pads um es leicht anzufeuchten.

- Als erstes sollte die mitgelieferte Kalibrierprobe auf den Messpunkt aufgelegt und mit der Prüfklemme kontaktiert werden.

- Starten Sie den Tester erneut oder per Druck auf die rechte rote Taste. Folgen Sie den Anweisungen auf dem Bildschirm zur Kalibrierung.

- Am Ende erfolgt ein Countdown, der Ihnen die Zeit gibt die Kalibrierprobe zu entfernen und die Ergebnisse Kalibrierung auf dem Display zu kontrollieren.

- Legen Sie nun das zu prüfende Objekt auf den Prüfpunkt/das Pad und warten Sie die Ergebnisse des LED Tests und der Analyse auf dem Display ab.

LED Schnelltest

Für die grobe und schnelle Bewertung nutzen Sie bitte die Anzeige LEDs.
Rote LED = Unedelmetall. Kupfer oder darunter (wie z.B. Zinn, Zink, Chrom, Eisen usw.)
Gelbe LED = Silber, Silber Kupfer Legierungen und ähnliche Metalle mit eher geringem Silberanteil. Kein Gold, keine Platinmetalle.
Blaue LED = Sterling Silber, Gold, Palladium und weitere Platinmetalle wie Rhodium, Platin usw.

Die LED Anzeige ist hilfreich, wenn es darum geht schnell und grob zu analysieren ob es sich hier um wertvolle Edelmetalle handelt oder niedrig legierte Basismetalle.
Um genauere Informationen über die Zusammensetzung des Metalls zu erfahren, werden nach vielen Messdurchgängen Ergebnisse über die wahrscheinlichste Zusammensetzung der Oberfläche des Metalls auszugeben.
Die grüne LED zeigt an, ob ein Kontakt zwischen Messgeräts und dem Objekt besteht. Wenn die grüne LED flackert zeigt dies einen Wackelkontakt oder schlechten Kontakt an. Sie können dann etwas Elektrolyt an den Kontaktstellen hinzufügen oder die Position der Klemme am Objekt verändern, bis die grüne LED ausgeht.
Grüne LED an = **Kein** Kontakt.
Dies wird dann auch im Display als „No Contact" angezeigt.

Erkennbare Metalle

Nicht alle Metalle sind für die Erkennung durch das Verfahren geeignet. Manche Metalle wie Quecksilber oder Gallium sind bei Raumtemperatur flüssig. Andere sind giftig oder

Kurzname	Name	Ordnungszahl	Status
Ti	Titan	22	√
Mn	Mangan	25	i.A.
Fe	Eisen	26	√
Co	Kobalt	27	i.A.
Ni	Nickel	28	√
Cu	Kupfer	29	√
Zn	Zink	30	√
Nb	Niob	71	i.A.
Ru	Ruthenium	44	√
Rh	Rhodium	45	√
Pd	Palladium	46	√
Ag	Silber	47	√
Cd	Cadmium	48	i.A.
In	Indium	49	i.A.
Sn	Zinn	50	√
W	Wolfram	74	i.A.
Re	Rhenium	75	√
Ir	Iridium	76	√
Os	Osmium	77	i.A.
Pt	Platin	78	√
Au	Gold	79	√
Pb	Blei	82	√
Bi	Bismut	83	√

radioaktiv. Wir beschränken uns daher auf bestimmte Metalle, die wir in Edelmetalle, Nichtedelmetalle und Zwischenmetalle, deren Position nicht so eindeutig einzuordnen ist, da sie über Eigenschaften beider Gruppen verfügen. Hier findet sich eine Auflistung der Metalle, die das Gerät erkennen kann oder zukünftig dafür geplant sind.
Hinweis: Iridium, Ruthenium und Rhenium sind bei den aktuellen MTI-00X Geräten aufgrund der Seltenheit und des Schwerpunkts des Geräts ausgeblendet.

Der Begriff des „Edelmetalls" ist wissenschaftlich nicht eindeutig definiert. 1864 taucht der Begriff in einer von Odling veröffentlichten Tabelle erstmals auf. Dort werden die Metalle Rhodium, Ruthenium, Palladium, Platin, Iridium und Osmium genannt, wobei diese an Silber und Gold angrenzten.

Als Edelmetall versteht man heute umgangssprachlich, all die Metalle, die nicht dazu neigen zu oxidieren, also Sauerstoff (oder einem anderen Gas) ohne Zutun aus der Umgebung aufzunehmen. Eisen ist in diesem Sinne ein sehr unedles Metall, da es im Laufe der Zeit an der Luft rostet , also oxidiert, d.h. Sauerstoff aus der Luft aufnimmt, während Gold noch nach Jahrtausenden, selbst bei Lagerung im Freien, seinen Glanz nicht verliert, da sich keine Oxidschichten bilden.

Silber wird umgangssprachlich ebenfalls als Edelmetall bezeichnet. Allerdings oxidiert Silber bereits nach Minuten an der Luft und verbindet sich mit Sauerstoff, aber auch mit dem Schwefeldioxid aus der Luft zu Silberoxid und Silbersulfid. Man kennt dies vom Silberbesteck, es läuft schwarz an.

Ist Silber also nun wirklich ein Edelmetall? Oder eher ein unedles so wie das Eisen, das ebenfalls innerhalb eines Tages sichtbaren Rost zeigt, wenn es in feuchter Umgebung offen gelagert wird?

Und warum gilt Kupfer eigentlich nicht als Edelmetall, obwohl es deutlich weniger Oxidation zeigt als Silber?

Diese Beispiele sollen verdeutlichen, dass die Definition von dem was man als Edelmetall bezeichnet unscharf ist und vom Anwendungsfall abhängig variiert.

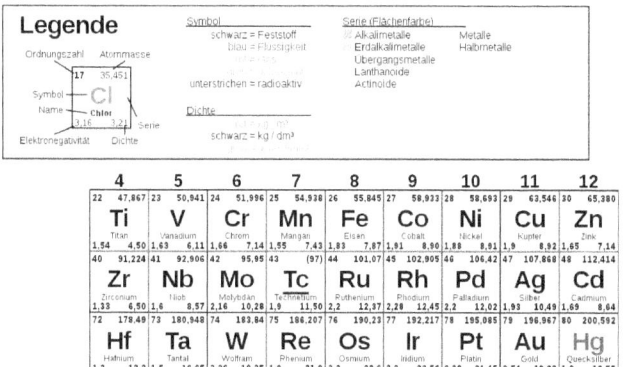

Periodensystem: Metalle

Für unseren Messvorgang erfassen wir die galvanische Spannung eines Metalls, wenn es mit einem anderen in Berührung kommt. Hierbei fällt beispielsweise auf, dass Silber einen höheren Wert als Gold liefert. Das ist etwas überraschend, nach dem üblichen Verständnis über das, was eine Edelmetall ist und das Gold „höherwertiger" angesehen ist als Silber.

Tabelle: Metalle sortiert nach VaV Werten. M.A. Buth 2020

Name	Symbol	O-zahl	VaV[1]	Temp.[2]	Potential[3]	Einstufung
Zink	Zn	30	160	420 °C	−0,7926 V	Unedelmetall
Blei	Pb	82	566	328 °C	−0,1251 V	
Zinn	Sn	50	670	232 °C	−0,137 V	
Chrom	Cr	24	740	1907 °C	−0,744 V / −0,913 V	
Bismut	Bi	83	858	271 °C	0,317 V	
Eisen	Fe	26	900	1538 °C	−0.44 V	Zwischenmetall
Nickel	Ni	28	920	1455 °C	−0.257 V	
Kupfer	Cu	29	980	1085 °C	0,340 V	Edelmetall
Rhodium	Rh	45	1055	1964 °C	0,76 V	
Palladium	Pd	46	1055	1555 °C	0,915 V	
Gold	Au	79	1085	1064 °C	1.52 V	
Silber	Ag	47	1100	962 °C	0,7991 V	
Iridium	Ir	77	1148	2466 °C	1.156 V	
Platin	Pt	78	1270	1768 °C	1.118 V	

Die Definition eines Edelmetalls unterscheidet sich also beim Messen mit dem MTI Messgerät von anderen Festlegungen. Kupfer ist in diesem Sinne das erste und niedrigste Edelmetall. Eisen und Nickel, die beide ferromagnetisch sind, verhalten sich grenzwertig, d.h. es können VaV Werte in den Bereich über 1000 schwingen und so die Anzeigen der LEDS auslösen, die eigentlich für die echten Edelmetalle vorgesehen sind. Da Eisen und Nickel auf Magnete reagieren, können diese beiden Metalle einfach identifiziert werden. Kommen Eisen und insbesondere Nickel jedoch in Legierungen, also einem Gemisch von Metallen vor, kann es passieren, dass dieses Testobjekt als Edelmetall eingeordnet wird, obwohl es keines ist. Hier kann neben dem Magnet Test eine Verlängerung der Messzeit helfen, da sich dieser Effekt meist nur am Anfang der Messung zeigt.

Bei der Messung von Silber, kann die Oxidschicht zu falschen Ergebnissen führen. Gemessen wird dann nämlich Silberoxid oder Silbersulfit. Hiergegen hilft gründliches Reinigen und Polieren des Testobjekts.

---

1 Bezogen auf Zn als Anode
2 Schmelzpunkt
3 Bezogen als H als Anode

Updates

Software Version 2.7
Hardware Version 2
Stand: 15.11.21

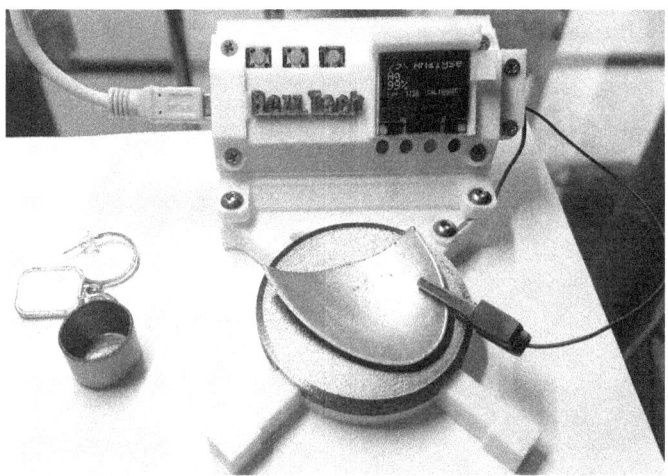

BozzTech MTI00X V2 mit X-Cell

Neuerungen im Vergleich zum Vorgängermodell

Hardware:

Neuartige Messzelle (X-Cell): Die neu gestaltete Messzelle ist wartungsfrei, benötigt nur geringe Mengen Elektrolyt und arbeitet nun ausschließlich mit getränkten Pads. Sie ist daher auslaufsicher und bietet darüber hinaus eine größere Messfläche. Im Auslieferungszustand ist das Gerät bereits fertig konfiguriert, kalibriert und mit Elektrolyt versorgt. Es ist trotzdem ratsam, vor der ersten Inbetriebnahme eine Kalibrierung vorzunehmen und evtl. einige Tropfen Elektrolyt auf das gelbe Pad zu geben.

Software/Firmware:

Das Gerät verfügt nun über eine sehr flexible, einfache und schnelle Kalibrierfunktion. Es kann jedes Metall, das der MTI00X erkennen kann, als Kalibrierprobe verwendet werden.

Sonstiges:

Die Testdauer wurde verkürzt

Änderungen der Hardware

Mit Einführung der neuen Messzelle X-Cell können Sie die Testpads schneller und effektiver wechseln, mit Elektrolyt befeuchten und auch größere Gegenstände testen.

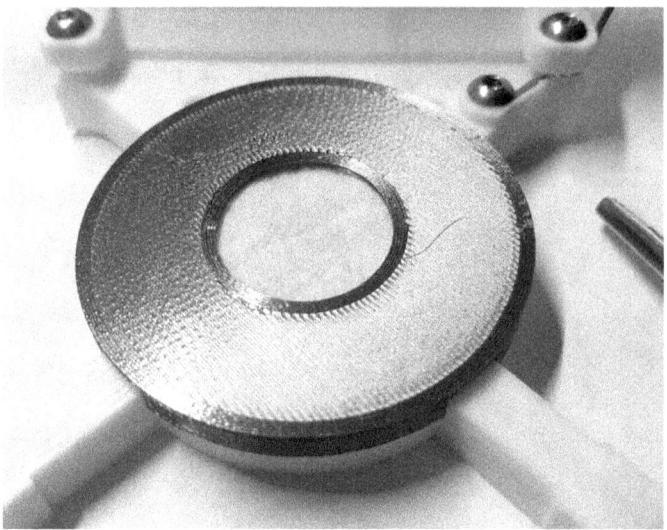

X-Cell mit Abdeckung

Hierzu nehmen Sie die runde Abdeckung der Zelle ab und gelangen so schnell an das Pad.

Es ist aber auch möglich die Abdeckung beim Test abzulassen, falls das Objekt, das Sie testen möchten nicht in die vorgesehene runde Öffnung der Zelle passt.

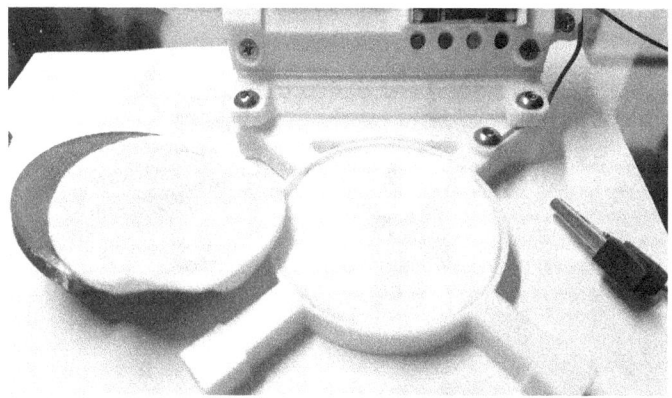

Bild 1 Geöffnete Testplattform mit 2 Pads

Achten Sie dabei darauf, dass die Prüfklemme nicht in Kontakt mit dem Pad kommt, da sonst das Messergebnis verfälscht wird. Sie können auch wie hier auf dem Foto gezeigt zwei Pads übereinander legen. Dies ist vorteilhaft, wenn Sie ein Objekt testen, das Späne oder Pulver enthält. Das obere Pad muss dann nach dem Test entsorgt werden, da es durch Metallpartikel verschmutzt ist und falsche Werte angezeigt werden könnten, wenn es weiterhin benutzt wird.
Achten Sie auch auf rote Verfärbungen in dem gelben Pad. Sie zeigen an, dass ein zu testendes Metall unedel war und die Funktion des Pads an den verfärbten Stellen zerstört hat. Keinesfalls darf Metallstaub, Späne usw. unter das Pad gelangen. Die Messwerte würden dadurch sehr stark beeinflusst und verfälscht. Falls dies doch geschieht, reinigen Sie die 4 langen Schrauben unter dem Pad sehr sorgfältig und befreien Sie sie von jeglichen metallischen Rückständen.

Handbuch BozzTech MTI00X Mini V2

Anwendung einer improvisierte Kontaktierung

BozzTech ist bewusst, dass man nicht jedes Objekt mit der Prüfklemme gut kontaktieren kann. Wir haben sehr viel Zeit und Überlegungen verwendet, um möglichst flexible und universelle Möglichkeiten zur Kontaktierung zu testen. Letztlich sind die Testobjekte wie Ringe, Besteck, Münzen usw. aber einfach zu unterschiedlich um eine einzige mechanische Kontaktierung zu erlauben. Die kleine schwarze Krokodilklemme des MT00X kann jedoch noch mehr leisten.
Im Prinzip kann jedes Metall als Kontaktierung benutzt werden. Das MTI misst immer nur die Seite des Metalls das Kontakt zu dem gelben Pad hat. Das Metall auf der Oberseite ist nicht entscheidend.
Für flache Objekte, wie zum Beispiel Münzen oder Barren, ist die Kontaktierung mit dem Kalibrierobjekt einfacher als die Klemme mir ihnen zu verbinden.

Bild 1 Hilfe zum Kalibrieren
Befestigen Sie daher in diesem Fall die Kalibrierhilfe in der Klemme und legen Sie dies wie eine Sonde auf das zu testende Metall auf.
Nutzen Sie beispielsweise das mitgelieferte Kalibriermetall um ein Testobjekt zu kontaktieren, so wie ein Stethoskop zum Abhören beim Arzt verwendet wird.
Sie können jedes beliebige Metallteil in die Klemme einsetzen und dann damit ihr Prüfobjekt kontaktieren. So können Sie also Prüfspitzen, Schrauben, Metallteile usw. in die Klemme einsetzen und dann den Kontakt zum Prüfobjekt herstellen. Allerdings verändern Sie durch dieses Vorgehen die voreingestellten Bedingungen für das Messen. Um dies auszugleichen, müssen Sie mit ihrem improvisierten Aufbau zunächst eine Kalibriermessung durchführen. Dann passen auch wieder die Werte. Wenn Sie die improvisierte Halterung entfernen, müssen Sie erneut kalibrieren. Wie das geht erläutern wir ab der nächsten Seite.

Wozu kalibrieren?

Bei Auslieferung wurde das Gerät bereits getestet und kalibriert. Im Laufe der Zeit und durch Umwelteinflüsse wie Temperatur, Luftfeuchtigkeit kann sich die Messstelle chemisch verändern. Dies kann zu Abweichungen beim Messergebnis führen. Auch das Testen von sehr unedlen metallen (Blei, Nickel usw.) kann dazu führen, dass die Messergebnisse vom Ursprungszustand abweichen. Immer dann wenn Messergebnisse nicht plausibel oder sehr sprunghaft sind, sollten Sie eine Kalibrierung vornehmen:

- Nach dem Hinzufügen von Elektrolyt Flüssigkeit muss der Tester immer neu kalibriert werden um richtige Resultate zu erhalten! Warten Sie nach dem befeuchten aber erst mindestens 5 Minuten, damit sich die Flüssigkeit gleichmäßig im Pad ausbreiten kann.
- Wenn der Tester einige Tage nicht verwendet wurde, sollten er neu kalibriert werden.
- Wenn andere Kabel, Netzteile als die mitgelieferten verwendet werden, oder der Tester über den USB Anschluss eines Computers betrieben wird.
- Wenn sehr unedle Metalle getestet wurden (Zinn, Blei, Nickel usw)
- Wenn das Pad ausgetauscht wurde.

Wenn Sie vorher schon wissen, dass Sie nach einem bestimmten Metall suchen, können Sie durch die Kalibrierung die Genauigkeit des Geräts für dieses eine Metall nochmals erhöhen und andere Fehlerquellen besser ausschließen. Dazu in den folgenden Abschnitten mehr.

Ablauf Kalibrierung

Nach dem Starten des MTI00X erscheint für 10 Sekunden ein Startbildschirm. Dieser gibt Auskunft über die Softwareversion und den Herstellungszeitraum. Dort findet sich auch die Aufforderung, bei Bedarf die „m" Taste zu drücken. M steht hier für Mitte. Drücken Sie also die mittlere der drei Tasten am oberen Rand des Geräts, während dieser Bildschirm angezeigt wird und Sie gelangen in das Menü für die Kalibrierung.

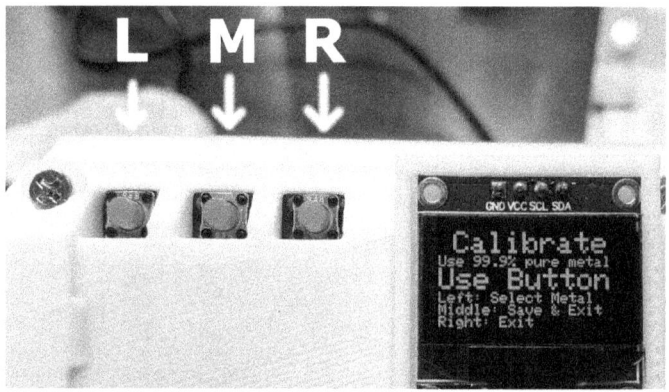

Bild 1 Tasten und ihre Funktionen

Sie gelangen dann automatisch in ein Auswahlmenü. Dort können Sie mit den drei Tasten L, M und R für Links, Mitte und Rechts, erneut eine Auswahl treffen.
Die Taste R für rechts (oder auch Reset) führt aus dem Menü oder jegliche Änderungen heraus. Sie entspricht also einem Abbruch ohne zu Speichern.

Als nächstes erhalten Sie für kurze Zeit den Korrekturwert angezeigt, der als letztes auf dem Gerät gespeichert wurde:

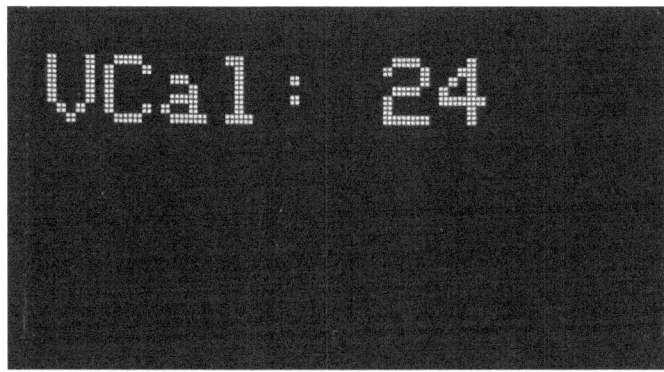

Bild 2 Anzeige des aktuellen Korrekturwerts VCal

Wenn Sie nur aus Neugierde oder aus Versehen in das Menü gelangt sind und diesen Wert nicht ändern möchten, können Sie auf dem kurz darauf eingeblendeten Menü, den Vorgang mit der „R" (=rechte oder Reset) Taste abbrechen.

Bild 3 Bildschirm Kalibration

Mit der linken Taste „L" können Sie nun durch die, auf dem Gerät hinterlegten, Metalle scrollen. Sie werden mit ihrer chemischen Kurzbezeichnung angezeigt. Wählen Sie nun das Metall aus, mit dem Sie den Kalibriervorgang durchführen möchten. Es ist dabei absolut wichtig, dass Sie eine 99,9% reine Probe des Metalls verwenden!

Für Standardaufgaben verwenden Sie am besten reines Kupfer und wählen Sie daher „Cu" im Menü durch mehrmalige Betätigung der linken Taste „L" aus.

Legen Sie jetzt bereits das Metall, das Sie zur Kalibrierung benutzen wollen auf die Prüfplattform auf. Schließen Sie den Vorgang durch Druck auf die mittlere Taste „M" ab und starten Sie so die Kalibrierung.

Lesen Sie auch die wichtigen Informationen auf der folgenden Seite, zur Auswahl eines Metalls.

Überlegungen zur Auswahl des geeigneten Metalls

Grundsätzlich ist reines Kupfer das ideale Metall um den MTI00X zu kalibrieren. Es ist gut und billig auch in reiner Form verfügbar. Bedenken Sie jedoch, dass Kupfer z.B. aus dem Sanitärbereich oder aus Elektroinstallationen oftmals mit anderen Metallen legiert, also so gut wie nie rein ist.
Nicht zu empfehlen sind sehr unedle reine Metalle wie Zinn, Blei usw. Diese reagieren mit dem Elektrolyten und verunreinigen ihn sehr schnell, so dass das Pad und evtl. Elektrolyt gewechselt werden muss.
Wenn Sie beispielsweise Silberbesteck untersuchen wollen, empfiehlt es sich, Silber (chemisch Ag) als Kalibriermetall zu verwenden. Obwohl Kupfer genauso gut eingesetzt werden könnte, ist es sinnvoller, das Metall als Referenz zu nehmen, von dem man annimmt, dass man es beim Testen häufig vorfinden wird. Das gleicht kleinere Ungenauigkeiten im Messverfahren aus und ermöglicht es, schnell festzustellen ob die Ergebnisse plausibel sind.

Egal ob Kupfer, Silber oder Gold: Wichtig ist, dass ihre Kalibrierprobe so rein wie möglich ist. Reinigen Sie es vor der Kalibrierung gründlich und entfernen Sie fette, Späne, Staub und andere Anhaftungen, die zu einer Verzerrung der Messung führen könnten.

Wenn Sie unedle Metalle untersuchen wollen, wählen Sie am besten ein unedles aber chemisch reines Metall als Referenz.
Wenn Sie Edelmetalle untersuchen wollen, wählen Sie reines poliertes Silber oder reines Gold als Kalibrierprobe.
Für alle anderen Fälle ist Kupfer der ideale Kompromiss. Es hat in diesem System einen VaV Wert von genau 1000. Daher ist die Kontrolle auf die Zuverlässigkeit und Genauigkeit für den Benutzer mittels Display sehr einfach und schnell

Nickel sollte, aufgrund seiner besonderen elektrochemischen Eigenschaften, nicht für eine Kalibrierung verwendet werden. In reiner, massiver Form, kontaminiert und verändert es die Messzelle so nachhaltig, dass keine plausiblen Ergebnisse zu erwarten sind, bis die Zelle gewartet (Pad und Elektrolyt neu) wurde.

Kalibrierung

Nachdem Sie ein Metall ausgewählt und das dazugehörige Testobjekt aufgelegt und kontaktiert, sowie den Kalibriervorgang gestartet haben, findet ein Test des Materials statt.
Dieser läuft genauso ab wie der normale Test. Nehmen Sie während des Vorgangs das Metall nicht herunter, oder stören sonst wie den Vorgang!
Nach circa 20 Sekunden ist die Kalibrierung zu ende. Es erscheint für einige Sekunden ein Statusbildschirm aus dem hervorgeht, dass die Kalibrierung erfolgreich war und welche Werte vorgefunden wurden.
VaV= gemessener Wert
EVaV= Soll Wert (hier vom Kupfer)
VoltC = Korrekturwert, der jetzt anstelle des vorherigen Wertes dauerhaft gespeichert wird.

Bild 1 Kalibration Resultate

Auf dem Display wird später bei Tests der Wert der letzten Kalibrierung rechts unten als **Vcal** angezeigt.

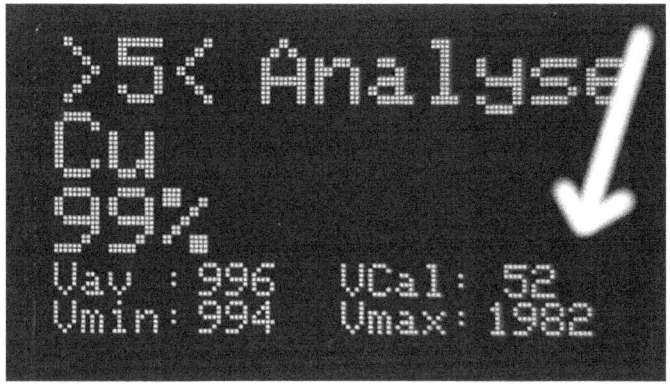

Anzeige des Kalibrierwerts als VCal

Vcal kann positiv oder negativ sein und liegt normalerweise im Bereich von -200 bis +200.

Weitere wichtige Hinweise:

1.) Spezieller Fall: Nickel
Das Metall Nickel (Ni) erweist sich als für dieses Verfahren sehr störend. Die Anwesenheit von Nickel in anderen Metallen führt dazu, dass zunächst zu hohe Messergebisse angezeigt werden.
So kann mit Nickel versetztes Kupfer zunächst als Silber oder sogar Palladium ausgewiesen werden.
Ein weiteres Problem ist die starke Wirkung auf den Elektrolyten, der durch Nickel unbrauchbar wird und auch nachfolgende Messungen, sofern das selbe Pad verwendet wird, beeinträchtigt und die Ergebnisse verfälscht.
Da Nickel jedoch häufig als Legierungszusatz in Schmuck verwendet wird muss es ebenfalls identifiziert werden.

Folgendes ist dabei zu beachten:

Prüfen Sie alle Testobjekte zuerst mittels Magnet. Wird der Magnet vom Objekt stark angezogen, verzichten Sie auf den Test. Das Metall enthält dann ohnehin große Mengen Nickel (oder Eisen) und dürfte für tiefer gehende Untersuchungen uninteressant sein.

Die Verunreinigung des Elektrolyt tritt nur auf, wenn massives reines Nickel getestet wird. Ist das Metall nur mit Nickel beschichtet oder in geringer Konzentration mit Nickel legiert, also gemischt, stellen Verunreinigungen kein Problem dar.

Test von Metallen die Nickel enthalten haben die charakteristische Eigenschaft, dass sie ihren VaV Wert nicht halten, sondern langsam abgleiten. Ein aussagekräftiger Test eines Metalls das Nickel enthält, dauert also wesentlich länger als normalerweise. Lassen Sie den Test 5-10 Minuten laufen. Wenn der Wert nach dieser Zeit abgesackt ist, oder er es noch tut, ist Nickel enthalten.

2.) Pads nicht zu oft verwenden
Wechseln Sie die Pads und fügen Sie regelmäßig Elektrolyt hinzu, wenn „merkwürdige" Ergebnisse auftauchen. Meist ist das Problem damit behoben. Evtl. haben sich Metallpartikel in den Pads abgesetzt.
Führen Sie nach einem Wechsel der Pads immer eine Kalibrierung durch!

2.1.) Pads länger benutzen
Testpads sollen nicht nass, sondern nur leicht angefeuchtet sein. Die Flüssigkeit verdunstet im Laufe der Zeit. Setzen Sie immer wenn möglich einen Deckel auf, damit das Pad vor Austrocknung geschützt ist. Zum reinen Anfeuchten können einige Tropfen destilliertes Wasser verwendet werden.

3.) Reinigen Sie zu testende Metalle vor einem Test gründlich!
Verwenden Sie hierzu immer ein entfettendes Mittel wie Alkohol.
Reiben Sie dann das Objekt trocken und blank.

Entfernen Sie Elektrolyt, das auf das Metall gelangt ist gründlich. Der Elektrolyt soll nur an der Kontaktstelle das Metall benetzen, nicht in den Elektrolyt eingetaucht o.ä. werden! Ansonsten kann es zu unplausiblen Ergebnissen kommen.

Ideal ist eine Vorreinigung in einem Ultraschallbad, dem etwas Isopropanol zugegeben wurde.
Dann das Metall mit einem Mikrofasertuch gründlich abwischen.

4.) Tests länger laufen lassen
Zwar liefert das Gerät schon nach ca. 20 Sekunden erste Ergebnisse, um sicherzugehen, sollte man es aber länger laufen lassen, da manchmal Störeffekte (z.B. Nickel) die Analyse verzögern. Eine gute Zeit sind 2-5 Minuten.
Nach zu langer Laufzeit, wie zum Beispiel über Nacht, kann es passieren dass der Elektrolyt im Pad verbraucht und/oder eingetrocknet ist. Eine so lange Laufzeit bringt also keine weitere Erkenntnis. Maximal sollte ein Test 15 Minuten laufen und dann ein stabiles, reproduzierbares Ergebnis erzeugen.

Handbuch BozzTech MTI00X Mini V2

Abmessungen:

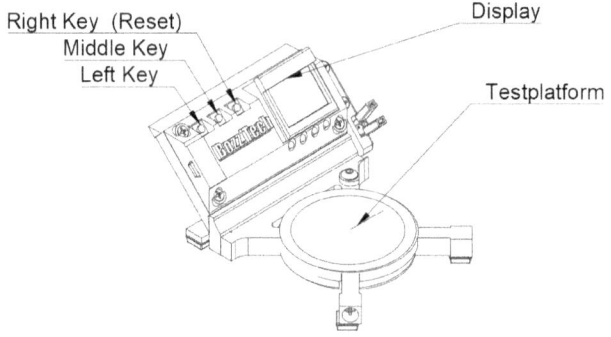

Bild 1 Funktionen Metall Tester

Nachhaltigkeit, Umweltverträglichkeit und Gesundheitsverträglichkeit

Dieses Produkt wurde mit besonderem Schwerpunkt auf gute Umweltverträglichkeit, sowohl in der Herstellung, als auch in der Anwendung und im Recycling entwickelt.

Für Gehäuse und Anbauteile verwendete Kunststoffe basieren auf natürlichen organischen Grundstoffen (Polymilchsäuren) sind biologisch vollständig kompostierbar.

Der Hersteller bietet die Reparatur und Bereitstellung von Ersatzteilen für mindestens 10 Jahre ab Kaufdatum an.

Es werden statt fest verbauter oder verklebter Akkus, handelsübliche Batteriezellen verwendet, die vom Anwender ohne spezielles Werkzeuge gewechselt werden können.

Das Produkt erkennt auch geringe Spuren von Edelmetallen und trägt so dazu bei, die Belastungen der Umwelt, durch Verluste dieser Rohstoffen aufgrund unsachgemäßer Entsorgung und durch Zuführung in den effektivsten Verwertungskreislauf, zu reduzieren.

Der flüssige wässrige Elektrolyt, der vom Hersteller für dieses Gerät entwickelt wurde, basiert auf organischen, biologischen Rohstoffen. Er ist ph neutral und enthält keine Säuren oder Metallsalze. Er ist ungiftig, wasserlöslich und für Mensch, Tier und Umwelt unbedenklich. Er enthält u.a. Propan-1,2,3-triol, Ethylalkohol, demin., destill. H2O, biologische Indikatoren und organische Hilfsstoffe. Rückstände auf dem Körper oder an Gegenständen können mit reinem warmen Wasser entfernt werden.

Der Hersteller verlichtet sich freiwillig, laufend die Ökobilanz dieses Produktes bei neueren wissenschaftlichen oder technischen Erkenntnissen durch Veränderungen am Produkt zu verbessern.

Der Elektrolyt

Der Elektrolyt besitzt eine gelbe Indikatorfärbung. Dies zeigt Ihnen an, wo Elektrolyt ist und wo nicht, sowie der Zustand der Elektrolyten. Färbt sich die Indikatorlösung weiß oder tiefrot, ist die galvanische Zelle im Gerät erschöpft oder durch Säuren, Basen oder andere Stoffe stark gestört. Die Ergebnisse können dann verfälscht sein. Ein kräftiges Gelb, wie bei einem Eidotter, ist ein Zeichen für den guten Zustand der Messzelle im Gerät. Durch Hinzufügen von Elektrolyt kann eine verbrauchte Zelle oftmals wieder regeneriert werden.

Das Messverfahren beruht auf einem analogen Element, der galvanischen Messzelle. Diese kann man mit einer Batterie vergleichen. Ebenso wie bei einer Batterie können Umwelteinflüsse wie z.B. tiefe Umgebungstemperaturen die Funktion beeinträchtigen. Auch längere Nichtbenutzung führt dazu, dass die Zelle erst einmal einige Durchgänge braucht, bis sie wieder formatiert ist, d.h. wie gewohnt arbeitet.

BozzTech bietet drei unterschiedliche Elektrolyten an, die für eine Messung verwendet werden können

LEL3000 Elektrolyt

Der LEL3000 Elektrolyt ist eine wässrige Lösung, die säurefrei und ungiftig ist. Er ist bestimmt zur Verwendung mit Wattepads, die mit dem Elektrolyten vor jedem Einsatz angefeuchtet werden. Der dünnflüssige Elektrolyt verfügt über einen Farbstoff, der anzeigt ob das Testpad mit Rückständen von Metallen verunreinigt ist, der ph Wert im normalen Bereich liegt und das Pad zu trocken ist. In diesen Fällen ändert sich die Farbe von einem kanariengelb zu einem Rot oder Braun (= ph Wert ausserhalb der Vorgabe). Ist das Pad zu trocken wird es statt einem leichten Gelb eine weiße Farbe annehmen. Verunreinigungen durch unedle Metalel wie Blei oder Zinn führen zu sichtbaren dunklen Flecken auf der Unterseite des Pads.

Vorteile:

- Die Verwendung von LEL3000 ist günstig
- Bei Verwendung frischer Pads und Flüssigkeit sind die Ergebnisse sehr genau.

Nachteile:

- LEL3000 kann bei Raumtemperatur innerhalb weniger Minuten verdunsten
- Die Pads werden durch unedle Metalle innerhalb kurzer Zeit verbraucht. Es handelt sich primär um ein Einweg Verbrauchsmaterial. Insbesondere wenn unedle Metalle getestet werden. Diese kontaminieren das Pad und verfälschen nachfolgende Tests.
- Häufiges Kalibrieren erforderlich, da der Elektrolyt nur kurze Zeit stabil ist. Idealerweise vor jedem einzelnen Test.

GEL3000 Elektrolyt

Der GEL3000 Elektrolyt ist eine gelbasierende Lösung, die säurefrei und ungiftig ist. Er ist bestimmt zur Verwendung mit Wattepads, die mit dem Elektrolyten vor jedem Einsatz angefeuchtet werden. Der eher dickflüssige Elektrolyt verfügt über einen Farbstoff, der anzeigt ob das Testpad mit Rückständen von Metallen verunreinigt ist, der ph Wert im normalen Bereich liegt und das Pad zu trocken ist. In diesen Fällen ändert sich die Farbe von einem kanariengelb zu einem Rot oder Braun (= ph Wert ausserhalb der Vorgabe). Ist das Pad zu trocken wird es statt einem leichten Gelb eine weiße Farbe annehmen. Verunreinigungen durch unedle Metalel wie Blei oder Zinn führen zu sichtbaren dunklen Flecken auf der Unterseite des Pads.

Vorteile:

- Der GEL3000 Elektrolyt ist sehr langlebig und daher auf Dauer günstiger als der Einsatz dünnflüssiger Elektrolyte.

- GEL3000 kann sich durch die Aufnahme von Wasser aus der Umgebungsluft selbst immer wieder regenerieren. Es muss kein LEL3000 oder destilliertes Wasser zugeführt werden. Der GEL3000 kann also nicht austrocknen.

- Aufgrund der Stabilität von GEL3000 ist eine Kalibrierung nicht oft erforderlich.

Nachteile:
- Im Umgang mit der öligen Substanz, kommt es häufig zu unerwünschten Benetzungen von Oberflächen, Testobjekten, Händen, Tisch usw. GEL3000 ist ungiftig und enthält keine Lösungsmittel. Rückstände können mit einem Tuch abgewischt werden. Wird das Gel auf elektronische Bestandteile des MTI Testers aufgetragen, kann es durch seine Leitfähigkeit zu falschen Ergebnissen kommen. Im Umgang mit dem Gel ist Sorgfalt ratsam. Metalle die damit in Kontakt kamen, können in einem Wasserbad gereingt und von Rückständen des Gels befreit werden.

SEL3000 Feststoffelektrolyt

Der Feststoffelektrolyt SEL3000 vereint viele Vorteile anderer Elektrolyte. Er besteht aus einem Material wie Gummi und enthält alle notwenigen Stoffe wie Farbindikatoren und Bestandteile um ihn elektrisch leitfähig zu halten.
Er ist die langzeitstabilste Lösung für den Testbetrieb des MTI Metall Testers. Metallische Partikel, die die Oberfläche verunreinigen können mit einem feuchten Tuch abgewischt werden. Wird der ph Wert aufgrund zu vieler Tests mit unedlen Metallen kritisch, kann er diese über eine Farbveränderung (rot, braun,schwarz) anzeigen. Wenn zu viel Elektrolytflüssigkeit aus dem Pad entwichen ist, kann dies durch das Einlegen in destilliertes Wasser wieder regneriert werden.

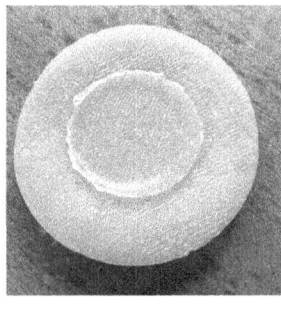

Die Inhaltsstoffe des Pads sind ungiftig und unschädlich und es kann somit mit den Händen berührt und mit den Testobjekten ohne Beinträchtigung der Oberfläche in Kontakt gebracht werden.

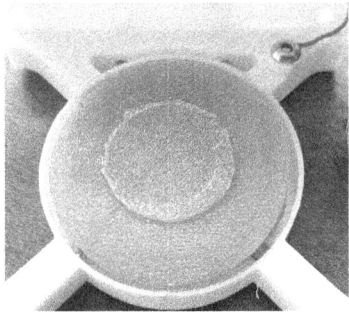

Das Pad wird in die geöffnete Testplattform anstelle eines Wattepads eingelegt.

Dann kann es wahrweise offen oder mit einer der mitgelieferten Abdeckungen eingesetzt werden.

Vorteile:
- Über lange Zeit sehr stabile Kalibrierwerte. Abhängig von den Umweltbedingungen über Tage und Wochen. Daher muss nur selten kalibriert werden.
- Oberflächliche Verschmutzungen können abgewischt werden.
- Keine zusätzlichen flüssigen Elektrolyten notwendig.

Nachteile:
- Der Festelektrolyt ist am besten für Edelmetalle geeignet, oder solche Metalle die eine stabile Passivierungsschicht vorweisen. Für unedle Metalle empfiehlt sich eher ein Einwegverfahren wie das mit LEL3000, da die Verunreinigungen mit dem Pad entsorgt werden. Der SEL3000 Elektrolyt muss mit einem feuchten Tuch oder einem Wasserbad gereinigt werden.
- Der SEL3000 ist nicht lösungsmittelbeständig.

Regeneration SEL3000 Testpad

Die Standzeit des SEL3000 Elektrolyten ist abhängig von der Umgebungstemperatur und der Luftfeuchte. In trockenen, heißen Umgebungen verändert sich das Pad innerhalb weniger Tage. Es schrumpft und verändert seine Farbe von einem hellen leuchtenden Geld zu einem rötlichen Orange. Seine Konsistenz verändert sich von einer flexiblen Beschaffenheit - ähnlich Silikon - zu einem harten Gummi.

Abbildung oben: Links neu eingelegte Pad. Rechts Pad nach ca. 5 Tagen Betrieb. Deutlich ist die Schrumpfung und die dunklere Farbe zu erkennen.

Die Funktion bleibt unabhängig davon über weite Bereiche stabil. Eine Neukalibrierung muss nur selten erfolgen. Irgendwann ist das SEL3000 Pad jedoch so verformt und chemisch verändert, dass es keinen Kontakt mehr herstellen kann. Die Elektrolytanzeige der Software wird Probleme melden und der MTI Tester häufig „No Contact" ausgeben. Spätestens jetzt – idealerweise aber schon vorher – sollte das SEL3000 Pad aufgefrischt werden.

Alle oben genannten Veränderungen resultieren aus dem Verlust von Wasser durch Verdunstung. Dieses Wasser lässt sich aber wieder vom SEL3000 Pad aufnehmen.

1. Möglichkeit: Fügen Sie täglich oder nach jedem Test einige LEL3000 oder hilfsweise ein paar Tropfen **destilliertes und demineralisertes** Wasser zu. **Verwenden Sie kein Leitungswasser!** Dies würde aufgrund der enthaltenen Mineralien und anderer Stoffe die Funktion beeinträchtigen oder das Pad zerstören.
Das Wasser wird langsam durch das Pad aufgenommen und die Standzeit erhöht sich um Tage oder Wochen.

2. Möglichkeit: Decken Sie die Testplattform nach jedem Test immer ab oder umwickeln Sie das Gerät bei Nichtbenutzung mit einer Folie. Verdunstete Flüssigkeit wird vom Pad aus der umgebenden Luft unter der Folie wieder aufgenommen.

3. Möglichkeit: Legen Sie das Pad, wenn es stark geschrumpft ist für circa 1 Stunde in ein Wasserbad aus **destilliertem und demineralisiertem** Wasser. Verwenden Sie kein Leitungswasser! Dies würde aufgrund der enthaltenen Mineralien und anderer Stoffe die Funktion beeinträchtigen oder das Pad zerstören.
Wurde das Bad zu lange im Wasserbad eingelegt, wird es sich vergrößeren und eventuell nicht mehr in die vorgesehene Halterung passen. Dies ist nicht schlimm, da es mit der Zeit wieder schrumpfen und passen wird.

Abbildung oben: Links Größe des Pads unmittelbar nach Einlegen in Wasser. Rechts SEL3000 Pad nach einer Stunde in destilliertem, demineralisierten Wasser. Ursprüngliche Größe wurde wieder erreicht.

Diese Regeneration kann im Prinzip beliebig oft wiederholt werden. Das Pad verliert allerdings mit jedem Durchgang ein wenig seine ursprüngliche Form und wölbt sich dabei, so dass es nach vielen Regenerationen kaum noch in die Testplattform passen wird.

Lagerung der SEL Pads

Lagern Sie die Elektrolyten aus festem SEL3000 Material immer in einer luftdichten Umhüllung. Um die Lebensdauer von unbenutzen Pads zu maximieren, lagern Sie diese in einem Kühlschrank oder, noch besser, in einer Gefriertruhe.
Nach der Entnahme aus dem Kühlfach werden Sie sehen, dass sich auf der Innenseite der Tüte oder Folie, Eiskristalle gebildet haben.
Lassen Sie daher das Pad langsam auf Raumtemperatur auftauen.
Die Kristalle werden sich verflüssigen und die Flüssigkeit wird vom Pad aufgesogen.
Gekühlt können die Pads jahrelang ihre Farbe, Funktion und ursprüngliche Form erhalten.

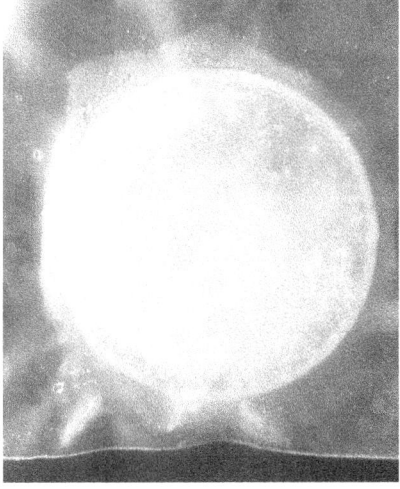

Wenn das Pad sofort im gefrorenen Zustand aus der Hülle entnommen wird, verliert es einen Teil seiner Flüssigkeit und nicht so lange verwendbar bleiben.

Vergleich der Eigenschaften von unterschiedlichen Elektrolyten

Ein weiterer wesentlicher Vorteil bei der Verwendung von Festelektrolyten ist das geringere Rauschen des Signals. Hier zwei Messungen mit unterschiedlichen Elektrolyten. Bild1 zeigt eine Messung mit GEL3000, das zweite Bild eine Messung mit einem SEL3000 Festelektrolyt. Es ist deutlich zu erkennen, dass das Signal mit dem Festelektrolyten SEL3000 ein geringeres Rauschen aufweist.

Nachfolgend zeigen einige Testbeispiele, die mittels der MTI Analyzer Software erstellt worden sind, wie sich die Elektrolyten unterschiedlich bei einer Messung verhalten.

Es ist wichtig zu verstehen, dass jeder der drei Elektrolyten, dünnflüssig, gelförmig und fest, andere Stärken und Schwächen bei der Messung und dem Handling aufweist. Es gibt also nicht den einen Elektrolyten der alle Fälle vollständig abdeckt, sondern je nach Einsatzgebiet sollten verschiedene Elektrolyte zum Einsatz kommen. Die beiden wesentlichen Fälle für die Entscheidung für einen bestimmten Elektrolyt sind Edelmetalle und Unedelmetalle.

Die Definition, was ein Edelmetall ist und was nicht, ist nicht eindeutig. Es gibt unterschiedliche wissenschaftliche Darstellungen. Für die Geräte der BozzTech MTI Serie haben wir in diesem Buch im Kapitel Erkennbare Metalle auf Seite 7 gezeigt, wie das Testgerät diese Trennung vollzieht. In der Mitte zwischen Edelmetall und Unedelmetall liegt für das BozzTech System das Metall Kupfer mit einem VaV Wert von genau 1000. Jedes aufgefundene Metall mit einem Wert von über 1000 enthält oder besteht demnach aus mindestens einem Edelmetall. Es ist daher wichtig, bei der Kalibrierung Kupfer zu wählen, wenn es erst eiunmal nur darum geht festzustellen ob ein Metall Objekt Edelemetall enthält oder nicht.

Messung mit SEL3000 Fester Elektrolyt:

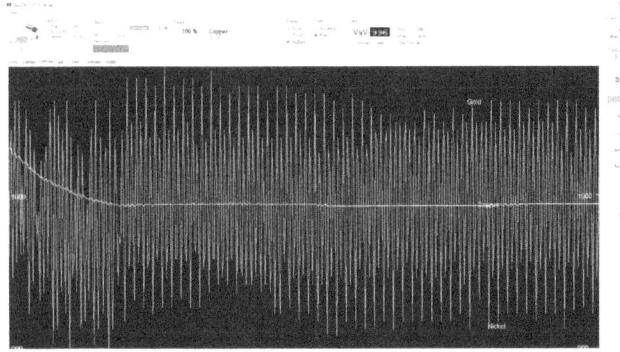

Messung mit GEL3000 Gel Elektrolyt:

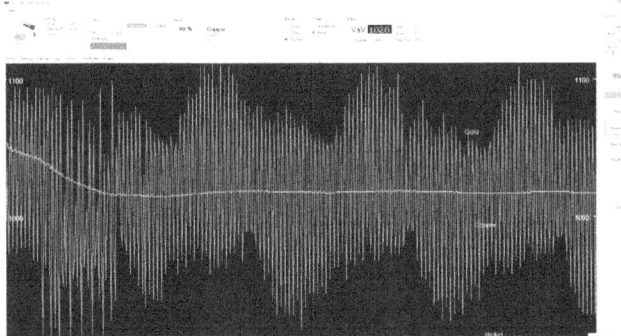

Messung mit LEL3000 dünnflüssiger Elektrolyt:

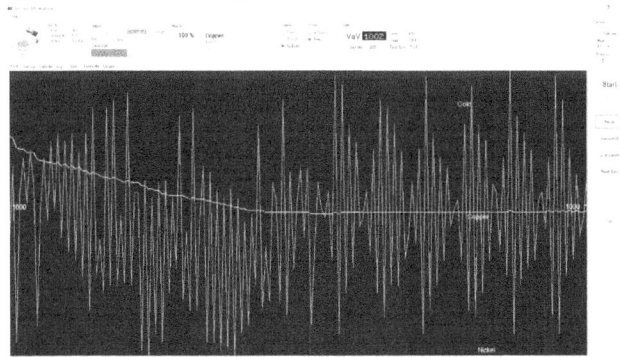

Interpretation

Anhand des Offsets rechts oben in dem Screenshots des LEL3000 Tests (-60), lässt sich erkennen, dass Gel und Festelektrolyt das Signal stärker dämpfen als der wässrige Elektrolyt LEL3000. Dort liegen die Offsets, die durch eine Kalibrierung per MTI Analyzer Software durchgeführt wurden, bei einem Wert von 4 für den Festelektrolyt SEL3000 bzw. -12 für den Test mit dem GEL3000 Elektrolyten.

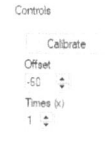

Der dünnflüssige Elektrolyt LEL3000 ermöglicht eine höhere Ionenmobilität und reagiert unmittelbarer und stärker bei der Messung. Er ist für die Messung von Edelmetallen am besten geeignet, da er die hohen VaV Werte erreicht, die für Metalle der Platingruppe typisch sind (ca. 1200 - 1400). Eine zuverlässige Unterscheidung von Platinmetallen ist daher seine Stärke.

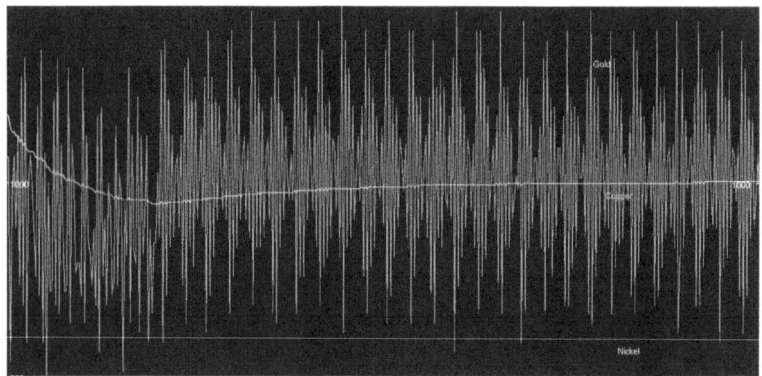

Da sich der Elektrolyt aber bei Raumtemperatur schnell verflüchtigt (teilweise innerhalb von wenigen Minuten), ändern sich eine elektrischen Eigenschaften fortlaufend und die Messung muss ständig neu kalibriert werden. Dies ist ein entscheidender Nachteil in der Praxis, wenn es um tägliche Messungen von sehr unterschiedlichen Metallen geht. Der LEL3000 Elektrolyt kann zwar immer wieder durch Hinzugabe von destilliertem Wasser aufgefrischt werden, seine Zusammensetzung hat aber praktisch keine Pufferwirkung, so dass Veränderungen am pH Wert, Verunreinigungen und an der Meßanode entstehende geringe Spuren von Metallhydroxiden, das Testpad innerhalb kurzer Zeit so verändern, dass es unbrauchbar wird. Es verhärtet, nimmt kaum noch dest. Wasser auf und sein pH Wert steigt mit jedem Testdurchgang, so dass eine ständige Verschiebung des Kalibrierpunkts die Folge ist.

Werden nur Edelmetalle getestet, hält sich dieser Effekt in Grenzen, da sie nicht oxidiert werden können und demzufolge keine Metallhydroxid Partikel auf dem Testpad zurück lassen. Der LEL3000 Elektrolyt ist anspruchvoll in der Handhabung, kann aber Edelmetalle und insbesondere Platinmetalle besser unterscheiden. Durch die Messung lädt er sich kurzzeitig kapazitiv auf und entlädt sich dann wieder in schneller Folge. Seine Fähigkeit zur Pufferung von elektrischer Energie ist minimal.

Fazit

Wenn es darum geht, grob festzustellen ob es sich bei einem Metallobjekt um Edelmetall handelt oder nicht und zusätzlich, ob es sich hierbei um Silber und Gold oder Platinmetalle handelt, dann ist der feste SEL Elektrolyt die beste Wahl. Er ist langzeitstabil und für den Anwender mit sehr wenig Aufwand hinsichtlich Kalibrierung und Pflege verbunden. Er kann Wochen oder monatelang im Gerät verbleiben. Durch ein Wasserbad kann er mehrmal wieder regeneriert werden. Seine Färbung weist den Anwender auf metallische Verunreinigungen und Erschöpfung hin.

Wenn Edelmetalle und dabei insbesondere Platinmetalle genau bestimmt werden müssen, ist der dünnflüssige LEL3000 am besten geeignet. Er ist aber anspruchsvoll in der Handhabung, kann nur wenige Tests mit dem selben Pad verkraften und erfordert genaues und häufiges Kalibrieren des Meßgeräts. Er ist sehr anfällig für Störeinstrahlungen von außen. Dieses starke Rauschen muss per Software ausgefiltert werden, so dass die verbleibenden Messwerte nur noch einen Bruchteil der Messung darstellen. Eine gute Abschirmung (z.B. Faraday) des Meßaufbaus ist empfehlenswert. LEL3000 hat einen sehr großen Signal-Rausch Abstand.

Für alle anderen Alltagsanwendungen ist der Gel Elektrolyt GEL3000 ideal. Er stellt einen guten Kompromiss aus wässrigem, flüchtigen und festem Elektroplyten dar. Er kann Tage oder sogar wochenlang ohne Beeinträchtigung und Neukalibrierung auf dem Testgerät verbleiben. Ist er verschmutzt, kann er günstig ersetzt werden. Er trocknet nicht aus und zeigt kritische Veränderungen farblich an.

Handbuch BozzTech MTI00X Mini V2

Bedeutung der Ergebnisse auf Displayausgaben

Nach einem Testdurchgang werden die vorgefundenen Metalle in Form ihrer chemischen Kurzbezeichnung mit 2 Zeichen und deren Wahrscheinlichkeit in Prozent ausgegeben. Die angezeigten Kurznamen entsprechenden denen im chemischen Periodensystem. Folgende Metalle sind im Gerät hinterlegt:

Symbol	Name	Bemerkung
Zn	Zink	
Cr	Chrom	
Fe	Esen	
Ni	Nickel	
Cu	Kupfer	
Rh	Rhodium	
Pd	Palladium	
Ag	Silber	
Sn	Zinn	
Pt	Platin	
Au	Gold	
Pb	Blei	
??	unbekannt	Nichtedelmetall

Metalle, die in der elektrochemischen Reihe unterhalb von Zink liegen, wie z.B. Aluminium, Magnesium usw. werden mit dem Symbol ?? gekennzeichnet und nicht einzeln dargestellt.

Es können auch andere, nicht hinterlegte Metalle bzw. Legierungen anhand ihrer Signatur erkannt werden. Hierzu verwenden Sie den VaV Wert am Ende eines Testdurchgangs zur Orientierung. Benutzen Sie ein Metall, dessen Zusammensetzung bekannt ist und vergleichen Sie den VaV Wert mit der Probe, die Sie identifizieren wollen. Je näher der VaV Wert an dieser Probe liegt, desto höher die Wahrscheinlichkeit, dass es sich um das selben Material handelt.

Die angezeigten Metalle im Display haben hier eine untergeordnete Rolle und dienen nur zur groben Orientierung.

Zu den verwendeten Chemikalien

Die verschiedenen Elektrolyte der MTI Geräte bestehen aus naturnahen Inhaltsstoffen. Sie sind auf Wasser basierend, für die einfache Reinigung wasserlöslich, ungiftig und für Mensch, Tier und Umwelt unbedenklich. Reste können über den Ausfluss und Gefäße über den Hausmüll entsorgt werden.
Verschmutzungen an Gegenständen, der Haut oder dem Augen können rückstandslos mit Wasser und etwas Alkohol entfernt werden.

Hinweise zur Pflege und Wartung

Wenn das MTI00X über längere Zeit nicht benutzt wurde, kann der Elektrolyt verdunsten und das Gerät arbeitet nicht mehr zuverlässig. Die Messzelle ist ein analoges Element. Wenn sie längere Zeit nicht benutzt wurde und nun wieder benötigt wird, frischen Sie den Elektrolyt etwas auf und führen Sie mehrere Tests zum Reaktivieren mit unterschiedlichen Metallen durch. Die Zelle benötigt ca. 15 Minuten um wieder wie gewohnt zu arbeiten.

Software MTI Tester

Diese Software dient zum grafischen Auswerten und Nachbearbeiten von Meßsignalen der Bozztech MTI Geräte.

Sie ist nicht komprimiert und kann daher direkt auf einem Windows PC installiert werden.

Die Software benötigt bei Installation oder Betrieb keinen Zugang zum Internet.

Die Benutzerführung der Software ist in Englisch.

Installation

Um die Software zu installieren, rufen Sie die Datei **setup.exe auf.**

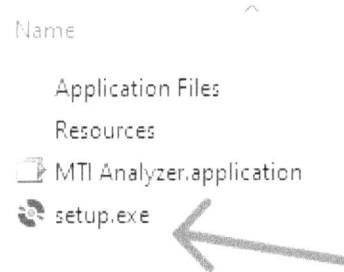

Um die Software zu deinstallieren, benutzen Sie bitte die Windowsfunktion „App deinstallieren"

Betrieb

Die Auswertung wird durch das Anklicken des „Start" Knopfes in der Anwendung gestartet.

Fehlerbehebung

Für den Betrieb der Software ist ein MTI00X Metalltester erforderlich. Dieser muss an einen freien USB Port angeschlossen werden.

In seltenen Fällen, kann es vorkommen, dass Windows den MTI Tester am USB Port nicht erkennt. Benutzen Sie dann den Treiber CH341, der auf dem Datenträger mitgeliefert und zusätzlich bei der Installation auf dem Desktop abgelegt wird, um die Software nutzen zu können. Manchmal wird bei einem Windowsupdate dieser Treiber deaktiviert oder gelöscht. Installieren Sie ihn dann einfach erneut.

Die Software setzt die Verwendung eines USB Mini Kabels mit Datenleitungen voraus. Das standardmäßig mitgelieferte Kabel des MTI Testers (90° gewinkelt beige) dient nur der Stromversorgung und ist nicht für eine Datenübertragung geeignet!

Betrieb ohne MTI Hardware

Wenn Sie die Software ohne den MTI Tester betreiben, können Sie trotzdem bestimmte Funktionen im Simulationsmodus aufrufen und so die Software kennenlernen.Der MTI Analyzer lässt sich ohne angeschlossene Hardware starten. Die Testfunktionen wie beispielsweise „START" sind jedoch deaktiviert.

Mit der Software werden einige Beispieldateien ausgeliefert, die sich aufrufen lassen und so einen Test simulieren.

Gehen Sie hierzu auf den Reiter „File" und klicken Sie auf „Open File".

Es werden mehrere Dateien mit der Endung .sig für Signal angezeigt.

Name	Änderungsdatum	Typ	Größe
MTI Test Metal Copper.sig	12.09.2022 21:32	SIG-Datei	5 KB
MTI Test Metal Silver.sig	12.09.2022 21:32	SIG-Datei	2 KB

Diese Dateien sind aufgezeichnete Signalverläufe von verschiedenen Metallen. Idealerweise hat der Anwender, der sie aufgezeichnet hat, ihnen eindeutige Bezeichnungen der Materialien gegeben. Hier haben wir Meßsignale von Kupfer und Silber. Wählen Sie eine der Dateien aus und die Simulation wird automatisch gestartet.

Zuvor kann es sein, dass der nachfolgende Dialog angezeigt wird:

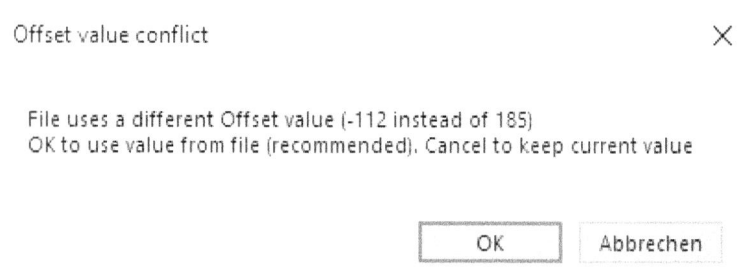

Dies erfolgt immer dann, wenn der Offset bei der Speicherung des Signals ein anderer war, als derzeit eingestellt. Der Offset Wert kann sich immer dann ändern, wenn der MTI Tester kalibriert wurde. Der Offset kann aber auch manuell in der Software rechts oben justiert werden. Da das Signal einen falschen Verlauf haben würde, wenn der Offset nicht dem entsprechen würde denn der Anwender bei der Speicherung benutzt hat, wird dies vorher abgefragt. Im Normalfall sollte diese Abfrage mit OK quittiert werden. Dann wird das Signal so angezeigt, wie es der Anwender auch gespeichert hat.

Bestätigen Sie also diese Abfrage mit „OK" und das Signal wird automatisch abgespielt. Wenn Sie Abbrechen wählen, verwendet die Simulation den Offset Wert, der in der Software rechts oben angezeigt wird. Der Signalverlauf wird sich daraufhin ändern.

Der Offsetwert wird nur für die Dauer der Simulation verändert und bei einem neuen Test wieder auf den vorherigen Wert zurück gestellt.

Die Simulation wird durch die Anzeige des Hakens am Feld „File loadad" angezeigt. Der Name der geladenen SIG Datei wird darunter ausgegeben.

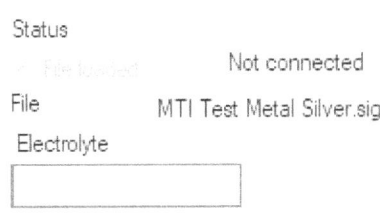

Der Hinweis „Not connected" zeigt, dass kein MTI Tester angeschlossen ist.

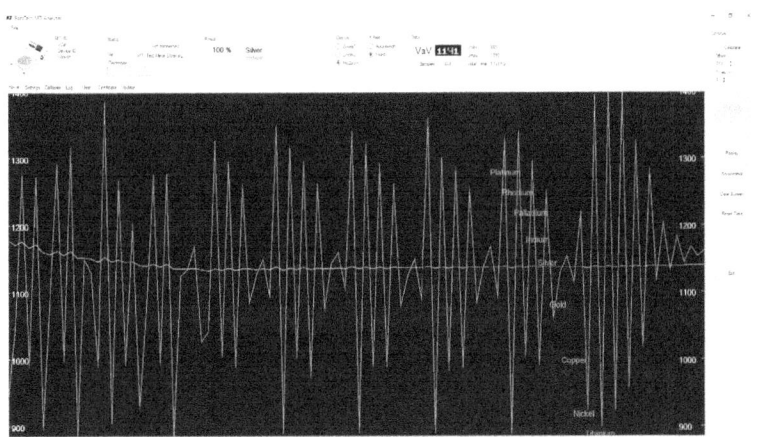

Bevor ein weiteres Signal simuliert wird, kann mit der Funktion „Clear Screen" der Bildschirminhalt gelöscht werden. Falls es aber gewünscht ist, die Signale zu überlagern, kann jetzt einfach eine weitere SIG Datei geladen werden und die Aufzeichnungen überlagern sich.

Um eine bessere Unterscheidung der Signale zu ermöglichen, kann vorher unter dem Reiter „Settings" die Farbe der Linien und der Schriften geändert werden.

Das zuletzt abgespielte Signal kann auch wieder gespeichert werden. Hierzu gehen Sie wieder auf den Reiter „File" und dann auf „Save File".

Es kann auch ein Screenshot im .jpg Format angefertigt werden. Benutzen Sie hierfür die Taste „Screenshot" auf der rechten Seite.

Weitere Funktionen im Simulationsmodus

Wir hatten zuvor gezeigt, wie man eine SIG Datei aufruft und abspielt. Weitere Manipulationen an der Darstellung sind über die Zoom Funktion möglich. Es gibt zwei Zoom Stufen.

Display
○ Zoom1
○ Zoom2
◉ NoZoom

Löschen Sie zunächst ein eventuell dargestelltes Signal mit „Clear Screen". Dann wählen Sie eine der beiden Zoom Stufen und laden erneut eine SIG Datei zur Ansicht oder klicken auf den „Replay" Button.

Das Signal wird nun vergößert dargestellt, wobei es auf den Mittelwert VaV zentriert bleibt. Auch die Beschriftung wird vergrößert.

Handbuch BozzTech MTI00X Mini V2

Farben und Schriften einstellen

Unter dem Reiter „Settings" können einige grafische Anpassungen vorgenommen werden.

So kann zum Beispiel zwischen der Darstellung der chemischen Kurzbezeichnung und des vollen (englischen) Namens eines Metalls gewählt werden.

Es ist auch möglich die Fraben des Hintergrundes, der einzelnen Schriften und der Skalierung zu ändern.

Mit „Reset Colors" können die ursprünglichen Einstellungen wiederhergestellt werden.

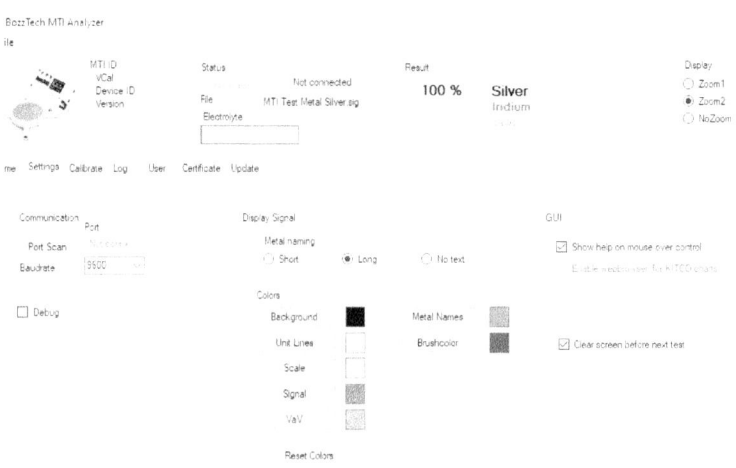

Die anderen Einstellungen sind nur dann möglich und wirksam, wenn ein MTI Testgerät angeschlossen ist.

Eine weitere Funktion der Simulation ohne Testgerät ist die Ausgabe von Meßergebnissen und deren Interpretation.

Hierzu schauen Sie bitte zur oberen Leiste über dem Signal.

Die Angabe „100 % Silber" bedeutet, dass nur Signale empfangen wurden, die genau Silber entsprachen. Bei einer Legierung mit einem anderen Metall würde dieser entsprechend Wert niedriger sein. Aufgrund von Schwankungen und Meßfehlern kann ein Wert von bis zu 95% als für reines Metall akzeptabel sein. Nach dem Kalibrieren mit einem reinem Metall, sollte aber der Test im Anschluß auf mindestens 99% eines Metalls enden. Die Prozentangabe des Metalls ist jedoch nicht mit der physischen Zusammensetzung des Materials zu verwechseln. Die Angabe in Prozent bedeutet, dass an der Kontaktfläche, die auf dem Testpad aufliegt X % von 100, Silber an der Oberfläche gefunden wurde. Wenn diese Oberfläche nur versilbert ist, wird daher ebenfalls ein hoher Wert angezeigt. Gleiches gilt, wenn an einem Objekt ein Teil aus Silber besteht und ein anderer Teil aus einem anderen Metall. Der Test liefert immer nur die Werte zu der Fläche, die Kontakt zu dem Testpad hatte. Um zu prüfen ob der Gegenstand überall ein und dasselbe Metall an der Oberfläche vorweist, muss der Testgegenstand in einer anderen Lage geprüft werden.

Die unterhalb von Silber angegebenen Metalle sind benachbarte Werte. Sie müssen nicht in dem Metall enthalten sein, sondern zeigen an, welchem Wert das Ergebnis an 2. oder 3. Stelle am nächsten ist. Deswegen sind sie auch kleiner und in hellerer Farbe dargestellt. Die drei Metalle stellen also nicht eine Legierung dar, sondern dienen als Orientierung dafür ob es sich beim gesteten Metall eher um Edelmetalle oder Nichtedelmetalle handelt usw. Das MTI Testsystem erkennt immer nur **ein** dominates Metall. Die Erkennung von Legierungen ist nur über ein Anlernen möglich, bei dem eine identische Metalllegierung per Kalibrierung, vor dem Testen eines unbekannten Metalls, abgespeichert wurde.

Wenn also Gold 585 gesucht wird, kalibrieren Sie zunächst Gold mit einem Stück Gold 585. Dann testen Sie das unbekannte Metall, von dem Sie annehmen, dass es Gold 585 ist um zu prüfen wie sehr es mit dem zuvor geprüften Gold 585 übereinstimmt.

Die Kalibrierung kann mit den Funktionen des MTI durchgeführt werden, es gibt aber auch einen Reiter „Calibrate" mit dem eine Kalibrierung durchgeführt werden kann, ohne den Wert im Tester zu verändern. Dies ist sehr praktisch um schnell das Testgerät zur

Handbuch BozzTech MTI00X Mini V2

Erkennung von speziellen Legierungen einzurichten, ohne die Kalibrierung im Gerät selbst zu verändern. In der Simulation ist die Software Kalibrierung ohne Funktion.

Auf der rechten Seite findet sich der gemittelte VaV Wert. Für Silber sollte dieser bei 1140 liegen. Der VaV Wert dient als Orientierung, ob es sich um Edelmetall handelt oder nicht. Ein VaV Wert von 1000 steht für Kupfer. Oberhalb von 1000 liegen Gold, Silber und die Platinmetalle. Unterhalb von 1000 befinden sich die unedlen Metalle oder Basismetalle wie Eisen, Chrom, Nickel usw.

Angegeben werden noch die Anzahl der Messungen (Samples), sowie der Minimal und Maximalwert Vmin und Vmax. Diese Werte sollten nur ca. 500 auseinander liegen. Ist die Schwankung zwischen Vmin und Vmax wesentlich größer, sollte ein Test wiederholt werden oder auf Probleme bei der Kontaktierung oder dem Elektrolyten geprüft werden.

Die Einstellungen für die X-Achse (X-Axis) haben nur im Betrieb mit der Testhardware MTI eine Funktion.

Handbuch BozzTech MTI00X Mini V2

Betrieb mit angeschlossener MTI Hardware

Der MTI Metall Tester kann vor oder nach dem Starten der Software angeschlossen werden. Wichtig ist hierbei, dass das richtige Kabel verwendet wird. Ein Kabel das standardmäßig im Lieferumfang enthalten ist, dient nur der Stromversorgung und erlaubt keine Datenübertragung zum Computer. Es handelt sich um das schwarze, abgewinkelte Kabel. Wenn beim Kauf die Software MTI Analyzer mit erworben wurde, liegt dem Lieferumfang ein weiteres Kabel bei. Dies ist beige, etwas dicker und nicht 90° abgewinkelt. Dieses Kabel dient der Datenübertragung. Es stellt aber auch die Stromversorgung über den USB Port bereit. Verwenden Sie dieses Kabel, wenn Sie die Testergebnisse grafisch in der Software MTI Analyzer darstellen möchten.

Wird der Tester ordnungsgemäß erkannt, erscheint links oben in der Leiste eine grüne Anzeige mit dem Text „Connected".

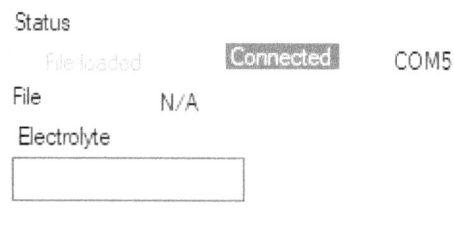

Dort wird auch der entsprechende serielle Port angezeigt, über den der MTI Tester nun mit dem der Computer nun verbunden ist. In unserem Beispiel ist das COM5.

Handbuch BozzTech MTI00X Mini V2

Treiber für USB zu Seriell installieren

Wird der MTI Metall Tester trotz korrekter Verbindung und Verwendung des richtigen Kabels nicht am USB Port erkannt, kann es **bei älteren Windows Versionen** erforderlich sein, einen zusätzlichen Treiber zu installieren. Testen Sie daher zunächst ohne die Installation eines Treibers!

Dieser trägt die Bezeichnung CH341SER.exe. Der Treiber wurde bei der Installation der Software auf dem Desktop des Computers abgelegt. Durch doppeltes Anklicken wird die Installation dieses Treibers gestartet.

Der CH341SER Treiber emuliert eine serielle Schnittstelle am USB Port.

Disclaimer

Der Treiber CH341SER.exe ist kein Produkt von BozzTech. Diese Software wird von dem Drittanbieter Nanjing Qinheng Microelectronics / China über die URL: http://www.wch-ic.com/downloads/CH341SER_EXE.html zur Verfügung gestellt. Er findet seit vielen Jahren Verwendung im Bereich der Microcontroller und gilt als unbedenklich. Die im Lieferumfang bereitgestellte Version ist stabil und auf Viren und Malware geprüft. Eventuell gibt es aber auch neuere Versionen, die sie unter dem oben angegebenen Link einsehen können. BozzTech hält die Verwendung dieser Software für vertretbar, kann aber nicht garantieren, dass deren Funktionen in Einklang mit den Erfordernissen an die Sicherheitsbestimmungen jedes Unternehmens oder Organisation ist. Auch kann die Zuweisung eines USB Ports über diesen Treiber eventuell zu Funktionsstörungen mit anderen Anwendungen führen, die ebenfalls auf die Resourcen zugreifen. Insbesondere bestimmte 3D Drucker Software verwendet ebenfalls diese Treiber. Es kann jedoch nur immer ein Gerät über dne Treiber angesprochen werden. Schliessen Sie daher eventuell offene 3D Druck Software (wie z.B. Cura oder Repetier Host), damit der MTI Tester gefunden wird und arbeiten kann.

Prüfen Sie vor dem Einsatz des Treibers daher, ob er Ihren Anforderungen entspricht. BozzTech übernimmt keine Verantwortung für den Betrieb diese Produkts auf einem Computersystem und haftet nicht für eventuelle Schäden, Betriebsunterbrechungen oder andere materielle Schäden die durch den Einsatz verursacht werden.

Haben Sie sich dafür entschieden den CH341SER Treiber zu installieren, erfolgt die Installation innerhalb weniger Sekunden ohne weitere Eingaben oder Einstellungen im Windowssystem.

Nach einer Installation ist in der Regel kein Neustart notwendig um den MTI Tester beim Anschluß an den USB Port erkennen zu lassen.

Windows ab Version 10 benötigt üblicherweise den Treiber nicht.

Erster Test

Wenn der MTI Metall Tester vom Computer erkannt wurde und das grüne „Connect" Zeichen die Verbindung bestätigt, kann ohne weitere Aktionen direkt der „Start" Button gedrückt werden. Dieser signaliisert mit einem roten Balken unterhalb der Taste die Bereitschaft.

Der MTI Tester läuft automatisch im Testmodus. Jeder Test dauert ca. 90 Sekunden. Sobald ein Test abgeschlossen ist, beginnt er mit der Übertragung der Signale an den Computer.

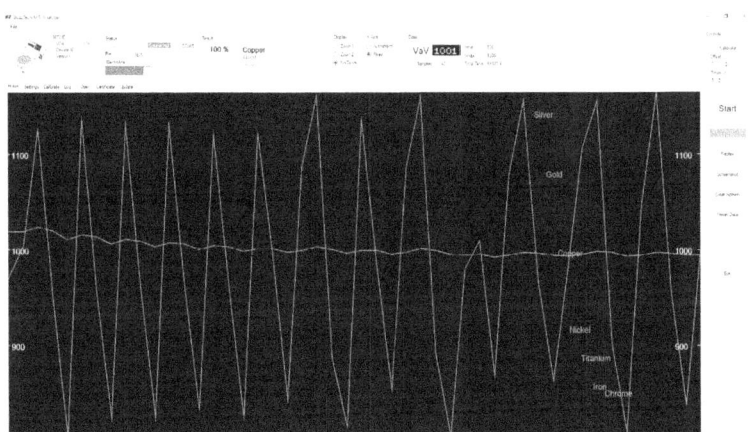

Im aktuellen Beispiel erfolgt die Übertragung und Darstellung der Signale – mit einer leichten Zeitverzögerung – an die Analyse Software. Die VaV Werte, die gefundenen Metalle und die Prozentangaben sollten beim Tester und der Software übereinstimmen.

Falls dies nicht der Fall ist, weichen eventuell der Offset von MTI Tester und Software voneinander ab. Dieser lässt sich manuell oder per Kalibrierfunktion in der MTI Software verändern. Prüfen sie dies also zunächst.

Am Ende der Datenübertragung - nach circa 60 Sekunden - werden auch Informationen zur angeschlossenen BozzTech Hardware angezeigt.

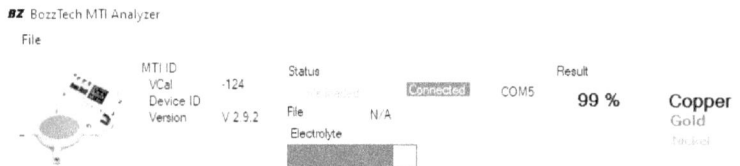

In diesem Fall zeigt das Feld „Vcal" den Wert an, der bei der Kalibrierung des MTI Testers eingestellt wurde.

Falls aktiviert, kann über „Device ID" eine eindeutige ID des verwendeten Geräts angezeigt werden.

Unter „Version" findet sich die Versionsnummer der Firmware des MTI Testers. Diese Information kann für den Service oder Updates wichtig sein. Im aktuellen Beispiel ist es die Version V 2.9.2. Diese Information wird auch beim Hochfahren des MTI Testers auf dem Display ausgegeben.

Weitere, vom Gerät übermittelte Informationen können der Herstellername BozzTech und das Model des MTI Testers sein.

Die ersten Tests sollten auf jeden Fall mit einem Metall durchgeführt werden, mit dem der MTI Tester kalibriert wurde und von dem die genaue Beschaffenheit bekannt ist. Zu empfehlen ist das mitgelieferte Kupfer zur Kalibrierung. Dies vereinfacht die Fehlersuche bei abweichenden Ergebnissen. Der Test sollte auch 2-3 mal wiederholt werden und dabei konstante Werte liefern. Erst danach sollten unbekannte Metalle geprüft werden.

Weitere Funktionen im Testbetrieb

Neben der „Start" Funktionen zum Einleiten der Datenübertragung vom MTI Testgerät zum Computer, gibt es weitere Möglichkeiten den Ablauf des Tests zu manipulieren.

Dazu zählen die Einstellung für die Anzahl der Wiederholungen „Times". Hier kann festgelegt werden wie oft ein Test wiederholt wird. Während der Testläufe sind Eingaben an der Software nicht möglich. Es muß bis zum Ende der Durchläufe abgewartet werden. Bedenken Sie dies, wenn Sie einen sehr hohen Wert hier fetslegen. Ein Durchlauf benötigt circa 60 Sekunden.

„Reset Offset" setzt den manuell eingestellten Offset der Software zurück, so dass die gelieferten Werte, denen des MTO Testers entsprechen.

Unter dem „Start" Button findet sich der „Replay" Button. Er kann dazu genutzt werdne den Test oder aber auch eine geladene Datei erneut abzuspielen.

Die Funktion „Screenshot" erstellt ein Bild des Signalverlaufs im .png Format. Der Screenshot kann dann abgespeichert werden.

„Clear" Screen" löscht das zuletzt angezeigte Bild des Signals. Dies erfolgt bei Tests mit angeschlossenem MTI Tester standardmäßig, sobald die n"Start" Taste erneut gedrückt wird. Für den Fall, dass dies nicht erwünscht ist, gibt es die Möglichkeit unter „Settings" das Verhalten so einzustellen, dass das zuletzt angezeigte Signal nicht gelöscht wird. Der neue Signalverlauf wird dann über den alten gelegt. Durch die Veränderung der Farbe der Kurven (ebenfalls unter „Settings") kann eine mehrfarbige Überlagerung von mhreren Signalen erzeugt werden.

„Reset Data" löscht alle Daten des letzten Testdurchgangs. Dies kann hilfreich sein, wenn die Software scheinbar unbrauchbare oder unplausible Ergebnisse liefert und man alle Einstellungen wieder zurücksetzen möchte.

Sonstige Funktionen der MTI Analyzer Software*

Unter dem Reiter „User" können permanente Daten des Anwenders abgespeichert werden. Der Name und die Adresse werden dann auf einem Zertifikat mit ausgegeben. Auch ein Firmenlogo kann den Daten hinzugefügt werden, wenn der Haken am Feld gesetzt wurde.

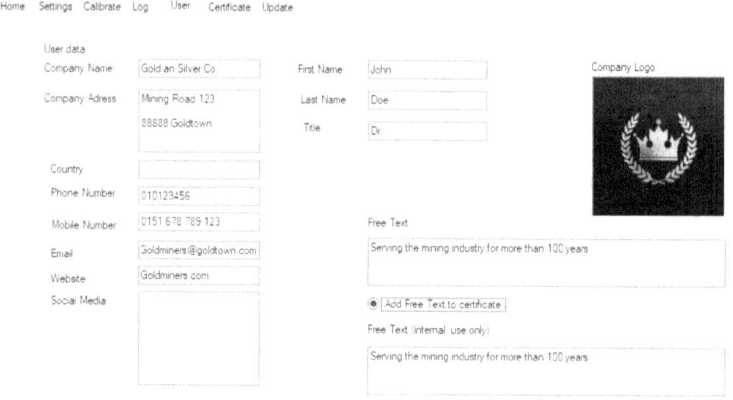

Ein Zertifikat erstellen

Um ein Zertifikat nach einem Test zu erstellen, muss der Reiter „Certificate" aktiviert werden. Hier gibt es eine kleine Datenbank für die Kontaktdaten des Kunden, sowie einige Angaben zu dem untersuchten Metallobjekt. Dann können diese Angaben als Zertifikat für den Test ausgedruckt oder als PDF abgespeichert und per Mail versendet werden.

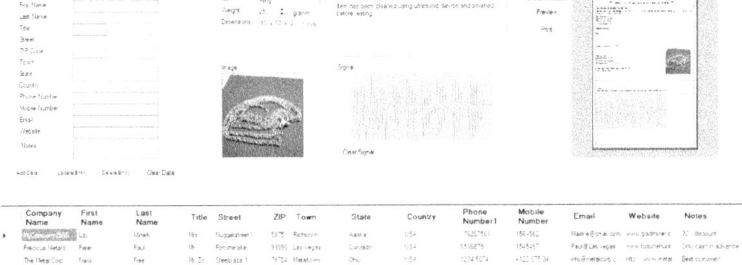

Als Ergebnis werden all diese Daten zusammen geführt und auf einem einzigen Blatt veröffentlicht. Dieses kann dann ausgedruckt, oder im PDF Format gespeichert werden.

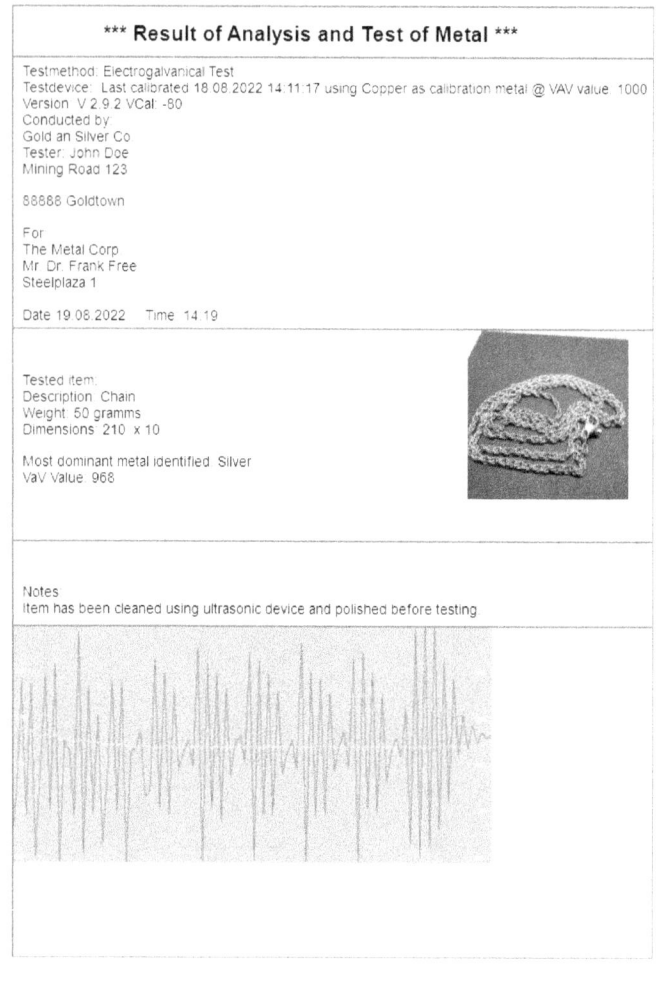

* Einige der hier gezeigten Funktionen der Software sind zum Zeitpunkt der Drucklegung noch nicht endgültig und vollständig nutzbar.

Handbuch BozzTech MTI00X Mini V2

Überwachung des Elektrolyten

Eine wichtige Information liefert das Zustandsbild des Elektrolyten. Im normalen Betrieb ist der Balken grün und zu circa 80% gefüllt.

Der Anzeigebalken kann auch eine geringere Füllung aufweisen und ab einem kritischen Punkt gelb oder rot gefärbt sein.

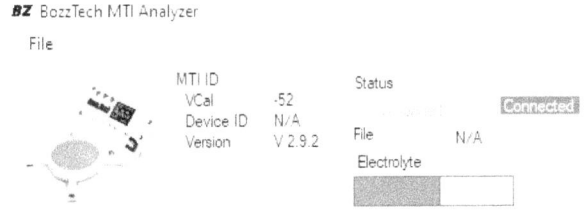

In jedem Fall ist hier eine Kontrolle des Elektrolyten erforderlich. Fügen Sie dann entsprechend die Flüssigkeit LEL3000 (BozzTech) oder etwas destilliertes Wasser dem Pad hinzu. Es ist wahrscheinlich zu trocken geworden.

Wenn Sie Pads auf Basis des Gels GEL3000 (BozzTech) verwenden, sollte dies nicht passieren, da das Gel in diesem Elektrolyten typischerweise nie austrocknet. Eine Anzeige des gelben Balkens weist daher eher auf schlechte Kontaktierung hin.

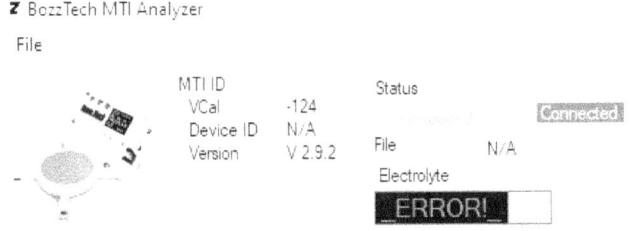

Tritt ein Fehler während der Messung auf kann diese Anzeige mit eine „ERROR" Meldung darauf hinweisen. Dies kann bedeuten, dass der Elektrolyt ausgetrocknet ist. Es ist aber auch möglich, dass kein Kontakt, oder kein ausreichender Kontakt zum Messobjekt besteht. Prüfen Sie daher die Verbindungen zwischen Testobjekt und dem MTI Tester.

Bei Verwendung von festen Elektrolyten (BozzTech SEL3000) kommt es seltener zu diesen Warnungen. Der SEL3000 Festelektrolyt verfügt über die Fähigkeit, die Elektrolytflüssigkeit lange zu speichern und sie sogar aus der Umgebungsluft zu regenerieren. Sollte das Pad aber stark geschrumpft sein, sich dunkel verfärben und härter geworden sein, legen Sie es ca. 30 Minuten in destilliertes Wasser ein. Das Pad wird sich dann wieder ausdehnen und wie gewohnt funktionieren. Verunreinigungen auf dem Pad sollten mit einem sauberen Tuch abgewischt werden.

Die Zustandsanzeige des Elektrolyten ist ein wertvolles Werkzeug um Probleme beim Test zu erkennen und einzugrenzen.

Kalibrierung manuell oder per Software

Durch eine starke Beanspruchung des Testers, veränderte Umweltbedingungen wie Raumtemperatur, Luftfeuchtigkeit usw. kann die im MTI Tester vorgenommene Kalibrierung ungenau werden.

Im vorliegenden Fall zeigt sowohl der MTI Tester als auch die MTI Software als Ergebnis das Metall Nickel mit einem VaV Wert von 913 an. Getestet wurde aber ein Kalibriermetall (Kupfer) von dem bekannt ist, dass sein VaV Wert um die 1000 liegen muss.
Wie man weiterhin erkennen kann, ist die Zustandsanzeige für den Elektrolyten rot gefärbt. Dies bedeutet, dass es zu Kontaktproblemen kommt, die vermutlich dafür sorgen, dass der gemessene VaV Wert zu niedrig ausfällt.

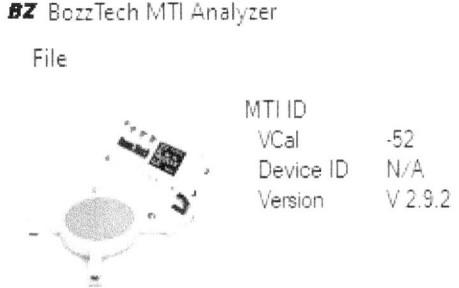

Der MTI Tester wurde zwar kalibriert, die Datenübertragung zeigt aber an, dass der Wert mit -52 etwas zu niedrig liegt. Typischerweise liegt der Kalibrierwert bei ca. 60. Dies bestätigt die Annahme, dass mit dem Testpad etwas nicht in Ordnung ist und man es wechseln sollte und dann den MTI Tester neu kalibrieren müsste. In Fällen wo dies nicht möglich oder gewünscht ist lässt sich der Kalibrierwert des MTI Testers mit der Software temporär mit einem „richtigen" Wert überschreiben.
Hierzu gibt es zwei Wege.

1. Möglichkeit: Manuelles Korrigieren des Kalibrierwerts

Der Kalibrierwert Vcal kann manuell in der Software verändert werden. Hierzu dient das Eingabefeld „Offset". Dieses hat normalerweise den Wert 0. Wenn andere Werte hier eingegeben werden, werden diese zu dem internen Kalibrierwert Vcal hinzuaddiert. Würde man also im vorliegenden Fall in das Feld „Offset" den Wert 100 eingeben, würde dies
-52 + 100 = 48
als temporären Kalibrierwert ergeben. Temporär deswegen, da der Wert bei jedem Neustart der Software gelöscht würde. Allerdings nicht bei weiteren Tests ohne Neustart.

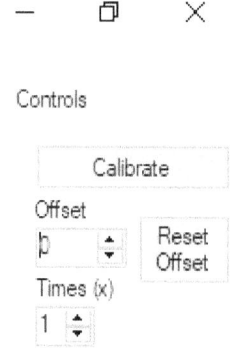

Um nicht das Gerät selbst kalibrieren zu müssen und trotzdem schnell weiterarbeiten zu können, kann eine zweite Kalibrierung per MTI Analyzer erfolgen. Hierbei ist es wichtig zu verstehen, dass dann die Ergebnisse auf dem Display des MTI Metall Testers von den Ergebnis der MTI Software abweichen werden. Der neue Kalibrierwert wird auch nicht im Gerät gespeichert. Der temporäre Kalibrierwert, den man über die Software einstellt wird zudem bei jedem Neustart der Software gelöscht.

Wenn nun erneut der „Start" Button betätigt wird, werden zu den gemessenen Werten immer 100 hinzugezählt. Im Ergebnis liegt der VaV nun bei 1059 statt zuvor 913 und die Ausgabe meldet Gold als gefundenes Metall.

Auch dieses Ergebnis ist nicht richtig, denn es handelt sich bei dem geprüften Metall um Kupfer. Auch ist der VaV Wert nicht exakt 100 größer als vorher. Bei der Anzeige des Elektrolyten wird jedoch klar, dass die Genauigkeit unter dem Zustand des Elektrolyten leidet. Man könnte jetzt statt dem Wert 100 nur 50 oder 60 eingeben um näher an die 1000 zu kommen die gesucht werden. Aufgrund des instabilen Elektrolyten kann es aber sein, dass die Meßwerte jedes Mal etwas schwanken.

Handbuch BozzTech MTI00X Mini V2

Über den Button „Reset Offset", rechts von „Offset" lässt sich der dort angezeigte Wert mit einem Klick auf 0 zurücksetzen.

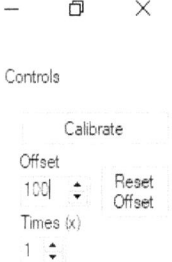

Handbuch BozzTech MTI00X Mini V2

Das nächste gezeigte Verfahren automatisiert das Auffinden eines guten Korrekturwertes.
2. Möglichkeit: Kalibrierung per Software

Zur Kalibrierung per Software gelangt man über den Reiter „Calibrate"

Zunächst erfolgt die Auswahl des Metalls, mit dem die temporäre Kalibrierung erfolgen soll. Wir haben Kupfer als Metall gewählt.

Handbuch BozzTech MTI00X Mini V2

Sobald das geschehen ist, wechselt die Funktion des Buttons zu „Calibrate"

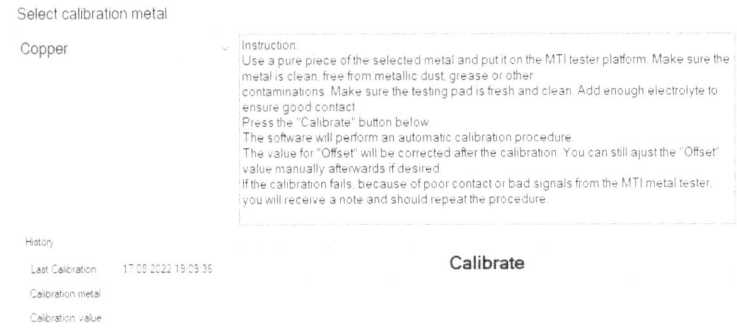

Durch Anklicken von „Calibrate" wird der Vorgang gestartet.

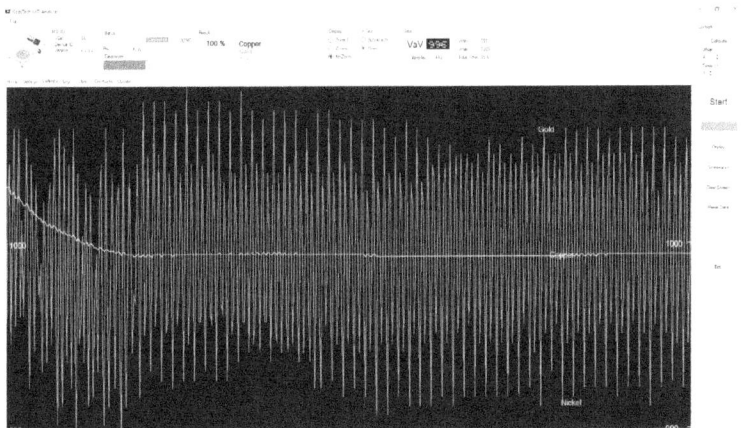

Es folgt ein typischer Testdurchgang. Am Ende wird rechts oben im Feld „Offset", der Wert angezeigt, der als Korrektur für den Kalibrierwert ab sofort verwendet wird.
Diese Funktion ist sehr wichtig und praktisch, da der Elektrolyt im Laufe der Zeit in seinem Wert driften kann und man sich so eine ständige Neukalibrierung des MTI Metall Testers erspart.

Nachwort

Das Prinzip eines elektrogalvanischen Testgeräts für Metall ist zwar bekannt und einfach, die praktische Umsetzung und Anwendung ist jedoch nicht trivial.
Es gibt viele Details zu beachten. Manche Probleme ergeben sich erst in konkreten Tests mit verschiedenen Metallen. Viele nutzbare technische Publikationen oder Anwendungen, an denen man sich orientieren konnte, standen nicht zur Verfügung. Daher mussten sogar elementare Funktionen neu entwickelt und getestet werden.
Das MTI Projekt wurde daher ständig optimiert und es wird wohl auch in Zukunft noch weitere Entwicklungen geben. Die Plattform ist daher sehr offen gehalten und Hardware kann über Firmwareupdates und die Software über neuere Versionen angepasst und verbessert werden.

Es ist wichtig, zu verstehen, dass es aktuell kein Verfahren gibt, dass die Zusammensetzung eines Metalls vollständig beschreiben kann, ohne es dabei zu zerstören. Im Laborbetrieb ist Zerstörungsfreiheit meist nicht relevant. Was aber nutzt es dem Juwelier, wenn er den Schmuck erst einschmelzen, chemisch auflösen und dann analysieren muss, bevor er weiß aus was das Material besteht?

Manche Anwender, die sich nicht vorab informiert haben, erwarten vom MTI Tester, dass nicht nur die Oberfläche, sondern das gesamte innere Volumen geprüft wird. Wie soll ein Verfahren aber alle Moleküle eines Metalls erfassen? Fälscher verwenden zum Beispiel Wolfram im Inneren von Goldbarren. Solche Manipulationen kann mannicht entdecken, wenn nur die Oberfläche getestet wird. Nur einige wenige (bezahlbare) Verfahren können solche Fälle entdecken.
Dazu zählen Geräte, die auf der Basis der Wirbelstromanalyse arbeiten. Allerdings hat dieses Verfahren auch seine Grenzen. Der Testgegenstand darf eine gewisse Größe nicht übersteigen. Manche Geometrien wie Ringe können nicht erkannt werden usw. Das Wirbelstromverfahren an sich ist sehr leistungsfähig, es kann aber nicht alle Manipulationen erkennen und die Identifizierung von Legierungen, wie sie bei Schmuck häufig anzutreffen sind, ist unzuverlässig.

Auch die Röntgenspektralanalysegeräte haben ihre Stärken aber auch Schwächen. Auch sie könnten im Inneren versteckte Hohlräume oder Fremdmetalle nicht erkennen. Auch sie analysieren nur die Oberfläche eines Objekts. Das tun sie aber sehr genau, wenn auch zu sehr hohen Kosten und mittels gesundheitschädlicher Röntgenstrahlung.

Die Liste liese sich so fortsetzen, aber die Botschaft ist klar: **Kein** Verfahren kann derzeit zerstörungsfrei die molekulare Zusammensetzung eines Metalls bestimmen. (Wir nehmen exotische und für normale Anwender unbezahlbare Laboranlagen einmal aus)

Jedes praxisnahe Verfahren kann nur bestimmte Parameter eines Metalls erfassen. Das kann zum Beispiel die Oberfläche, die Dichte, der Schmelzpunkt oder ein anderes charakteristisches Merkmal sein.

Die hochwertige, zerstörungsfreie Metallerkennung ist eine Kombination mehrer unterschiedlicher Analyseverfahren. Somit grenzt man die Zusammensetzung des Metalls gut ein.

Nutzen Sie die MTI Geräte also ergänzend zu anderen zerstörungsfreien Verfahren um ein verlässliches Ergebnis zu erzielen. Es kann dabei das erste angewendete Verfahren sein, da es einfach anzuwenden ist und als erste Vorprüfung Auskunft darüber gibt, ob es sich lohnt weitere aufwendigere Tests durchzuführen. Bei der Unterscheidung von Edelmetallen und Nichtedelmetallen ist es sehr zuverlässig.

Wenn es jedoch um die Unterscheidung von Unedelmetallen geht (z.B. seltenen Erden, oder Stahllegierungen) sind die charakteristischen Merkmale einzelner Metalle nicht mehr so stark verschieden. Die Ergebnisse liegen also dichter beieinander und erfordern vom Anwender mehr Aufwand und Sorgfalt bei der Durchführung der Tests.

Handbuch BozzTech MTI00X Mini V2

Metadaten

Letzte Änderung am: 28.08.22

Weitere Informationen zu diesem Produkt:
Website Hersteller: www.bozz.tech

Weiterführende Bücher:
Ein erweitertes Handbuch findet sich im Sortiment des Verlages adrenalinemedia unter folgendem Link:

https://www.adrenalinemedia.de/product-page/bozztech-anleitung-metalltester-mti00x

Copyright 2019-2023 BozzTech Germany